快消品营销团队管理

方法工具一本通

刘 雷　伯建新　著

北京日报出版社

图书在版编目（CIP）数据

快消品营销团队管理：方法工具一本通 / 刘雷，伯建新著. -- 北京：北京日报出版社，2019. 12

ISBN 978-7-5477-3570-1

Ⅰ. ①快… Ⅱ. ①刘… ②伯… Ⅲ. ①消费品市场-市场营销学-案例 Ⅳ. ①F713. 58

中国版本图书馆 CIP 数据核字（2019）第 259977 号

快消品营销团队管理：方法工具一本通

出版发行：北京日报出版社
地　　址：北京市东城区东单三条 8-16 号东方广场东配楼四层
邮　　编：100005
电　　话：发行部：（010）65255876
总编室：（010）65252135
印　　刷：河北宝昌佳彩印刷有限公司
经　　销：各地新华书店
版　　次：2019 年 12 月第 1 版
2019 年 12 月第 1 次印刷
开　　本：710 毫米×1000 毫米　1/16
印　　张：14. 5
字　　数：222 千字
定　　价：68. 00 元

导读

这是一本快消品团队管理实践总结的书籍，也是一部快消品团队管理的工具书。

一、为什么写这本书

在近二十年的销售生涯中，我经历了从业务人员、业务主管到销售经理、销售总监的变化后，始终热爱着一线营销工作，在管理工作之余仍然喜欢参与到一线人员的工作讨论中去。在这期间，我发现很多因为销售业绩优秀而转向销售管理的同事，虽然职业身份发生变化，但其自身的角色依然没有转变过来，还在忙碌地做着一线人员做的事情。因此，我萌发了写一本关于快消品团队管理方面书籍的想法。

二、本书有什么特色

从 2017 年确定这本书的选题开始，直至这本书成形，历时一年半，先后 7 次修改稿件。本书内容选择以实践经验为基础，是因为拙作《成为优秀的快消品区域经理》和《快消品营销人的第一本书》两本书籍得到营销人的广泛赞誉，我想原因是总结了最真实有用的心得，让读者能看得懂，且能很快上手。我始终坚信一点，那就是：**“好的营销书籍来源于实践”**。因此，本书的内容和我前面的两本书内容保持着同一个特色：**只讲实话，只写实践，只讲方法，不讲理论。**

三、本书亮点——20个工具+20余个案例

（1）本书的主要内容是快消品行业团队管理，对于其他行业的团队管理没有涉及，但希望对其他行业的团队管理有一些借鉴意义。

（2）本书作为一本实践总结书籍，书中的内容和相关案例大都是我自己工作中的真实经历，案例中的人物有着我过往同事的身影，在这里需要对他们说声“谢谢”。

（3）在本书中，关于团队理论的内容几乎没有。在我看来，关于团队管理的理论只要上网都能学习，因此在本书中也就没有写的必要。

（4）作为快消品团队管理的书籍，其中必然有很多和日常管理制度、流程等相关的内容。本书中有相关的管理工具20个，目前很多企业仍然在使用。

四、本书是给谁看的

（1）依然在市场一线奋斗的营销人，为他们以后走向管理岗位打下基础。

（2）正准备成为营销管理者或刚进入营销管理岗位的营销人员，比如新晋的销售主管、区域经理或销售经理，给他们提供一些借鉴。

（3）已经在营销管理岗位多年，目前正在饱受营销管理困惑的管理者或想要继续提升自己的管理人员。

（4）中小企业老板，以及与营销工作相关的管理者，他们可以通过本书了解快消品团队管理的方法。

目录

第一章
营销团队管理——基础篇

第一节　新营销团队建设需要做哪些工作

K市海润食品有限责任公司（以下简称海润食品）是M省特色农产品加工生产企业，主要从事保健醋饮料的生产和销售工作。因为产品品质过硬、口感好，在海润食品成立的短短两年时间内，依靠三个业务人员和K市几个经销商铺货，取得了不错的销售业绩。但是，随着市场环境变化和竞争者加入，海润食品董事长李扬发现企业发展的脚步越来越慢，单纯依靠三个业务人员和几个经销商跑单进行直营销售的模式越来越不适应企业的发展需要。

为了企业进一步发展，董事长李扬决定改变公司销售部门的现状，组建营销公司，完善企业的营销结构体系，开启企业向M省市场全面发展的战略。王海涛作为跟随企业发展而成长起来的一名销售人员，由于工作踏实、思路敏捷，被董事长李扬任命为营销公司经理，负责组建营销公司，以及进行后期的运营管理工作。接受任命后，王海涛感受到巨大的压力。毕竟，他过去没有这方面的工作经历。组建营销公司这件事对企业的影响很大，只能成功，不能失败。

该如何做？怀着忐忑的心情，王海涛找到营销咨询管理公司的唐总取经……

老唐是一个有着十几年营销工作经验的高手，在快消品行业中经历了从基层到高管的营销生涯，如今专门从事快消品行业的营销咨询工作。他在自己所从事的行业中有着很好的口碑，其团队建设和管理能力更是让同行敬佩。在所供职的每个企业中，老唐都能在短时间内完成企业营销团队的组建，并且带领团队完成老板布置的任务。

对于王海涛的问题，即如何组建团队，老唐有着自己的心得体会。老唐认为，建设一个新销售团队远比改造一个旧团队省心，毕竟新团队是一张白纸，在白纸上更好作画。老唐结合自己的工作经历，向王海涛提供相关建议。

老唐认为，建立一个新的销售团队，需要从以下几个方面开展工作：

一、设立组织架构，确定人员配置

凡是缺乏销售团队管理经验的企业有一个共性，就是管理无序，销售人员各自为政，销售队伍中缺乏核心人物和明确的人员分工，工作谁都在干，却谁都说了不算，谁都可以不负责任，出了问题最后需要老板亲自出面解决。

任何一个企业要组建新的销售团队，首先，需要根据企业的实际情况和企业发展的要求确定销售团队的组织架构。用老唐的话来说，就是组织架构确定意味着管理权力的实现，工作就有了分工，权责也就基本有了一个轮廓。

其次，就是根据组织架构体系的要求确定团队人员的数额，选配合适的人做合适的事，这样才能实现定岗定编，杜绝人多扯皮的问题。

二、制订岗位职责，明确权利义务

完成组织架构，确定人员的数额，只是意味着初步完成了新销售团队建设的基础工作。而要夯实这个地基，还必须让现有的和即将进入的团队成员明确自己的岗位职责、权利和义务，清楚地了解自己该做什么，有什么样的权利，需要尽到什么义务，自己的上级是谁，下级是谁。

对此，老唐认为，王海涛需要根据企业的实际要求，以及组织架构体系中每个岗位的情况，在人员招聘之前制订岗位职责书（说明书），以明确各个岗位的权利、义务、任职资格、技能与工作协作关系等相关内容，确定组织架构体系内相关人员的责权利。

三、建章立制，设立管理制度

“人管人累死人。”老唐认为，一个企业要想把销售搞好，关键在于营销团队的有效运转。而要实现这个目的，企业必须建立一整套管理制度来保证整个组织体系的有效运转。用制度管人是团队建设行之有效的办法，只有用制度来规范全体员工行为，团队才能走得更远。

老唐给王海涛的意见是“兵马未动，粮草先行”，在组建营销团队过程中，要先建立基本的管理制度，一开始不追求面面俱到，后期根据团队建设的实际运作情况逐步进行完善和补充。这样就可以用基础制度来规范团队成员的基本行为，保障工作正常开展。一般来讲，一个新组建团队的基础制度主要包含《人员行为规范》《员工考勤制度》《出差管理和报销制度》《招聘管理制度》和《薪酬管理制度》等，而其他相关的制度，如《广宣物料采购管理制度》《促销政策管理制度》《销售计划管理制度》等，则可以根据企业的实际运行情况进行制订和完善。

小提示：制度管人，就是依“法”治人。而新团队的制度建设，不可能一蹴而就，需要在实际工作中不断完善和补充。

四、梳理流程，完善工作程序

“制度管人，流程管事。”老唐认为，要保证营销团队体系的有效运行，在完成基本管理制度的建设和规范营销人员的行为之后，当务之急是建立一整套的工作流程。一个团队只有建立了科学、合理的工作流程，营销人员在工作中才能遵规守纪，避免团队成员出现走“捷径”而审核疏漏的现象。在工作中按照流程办事，可以让营销团队中任何一个营销人员都能比较顺利地把事情办好。形成按流程做事的工作氛围，可以保障营销经营工作的效率，减少工作出错的概率。这些流程主要包括《市场开发流程》《产品出货流程》《合同审批流程》《市场费用申请流程》等。

《市场开发流程》如图 1－1 所示。

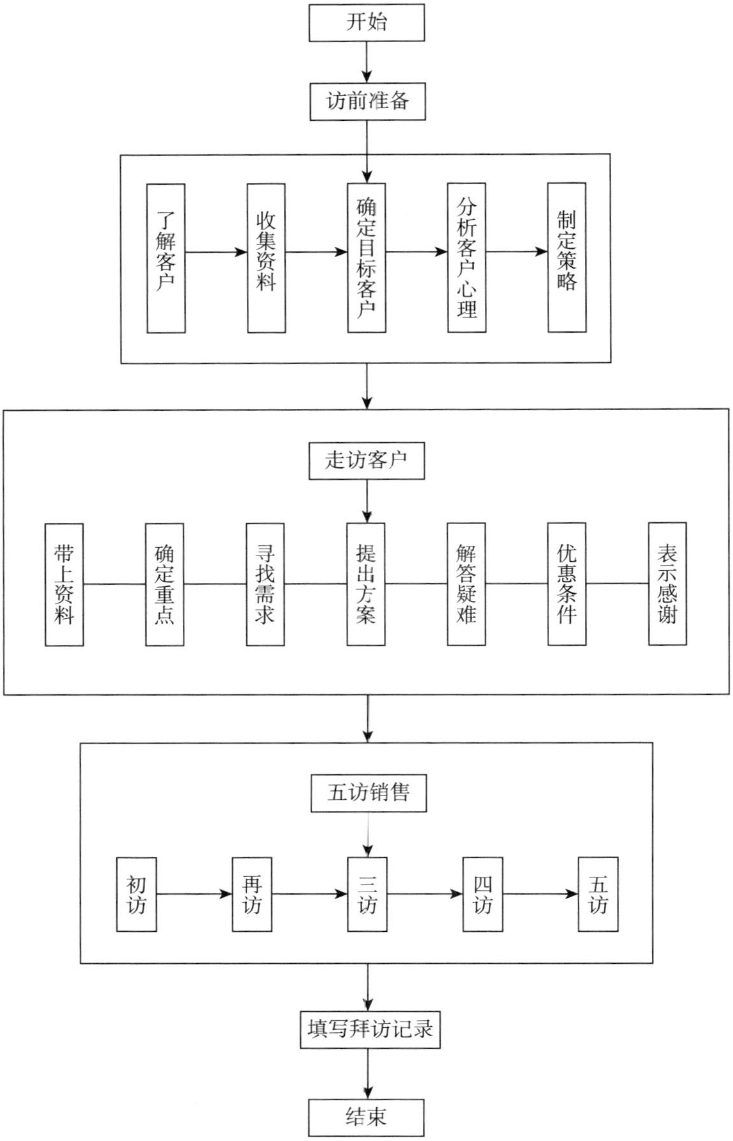
开始
访前准备
了解客户
收集资料
确定目标客户
分析客户心理
制定策略
走访客户
带上资料
确定重点
寻找需求
提出方案
解答疑难
优惠条件
表示感谢
五访销售
初访
再访
三访
四访
五访
填写拜访记录
结束

图1-1 《市场开发流程》

《市场费用申请流程》如图 1－2 所示。

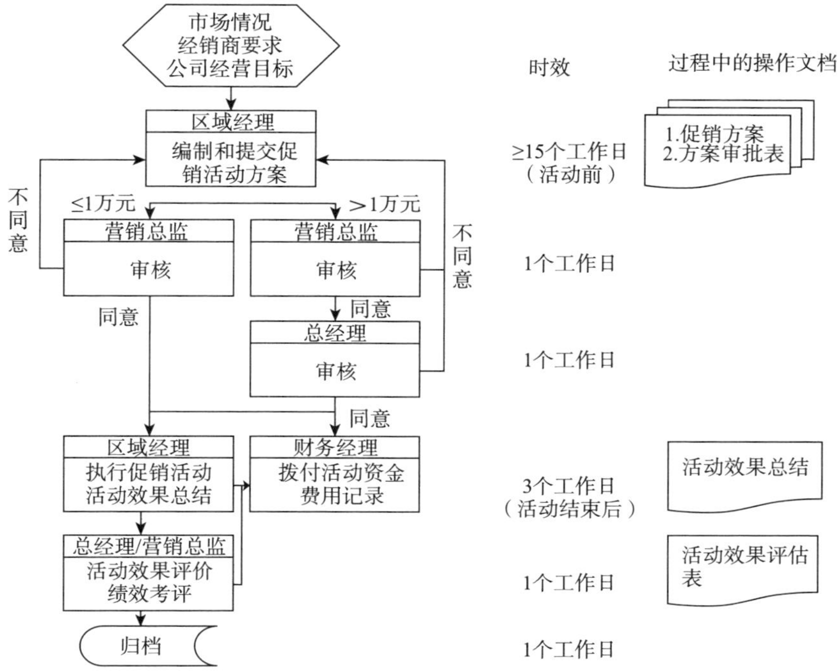

图 1－2 《市场费用申请流程》

小提示：建立工作流程是为了更好地提高效率，减少出错的概率。

五、绩效考评，明确工作方向

“需要什么就考核什么”，这是营销团队建设目标实现的方法之一。老唐认为，让员工明确自己的工作目标是一切工作顺利开展的前提。团队管理者不要期望员工能够主动去领会企业的发展目标，也不要认为员工有高度的自觉性，能够主动按照管理者的规定进行工作，这一切必须通过监督和考核来实现。团队管理者需要了解和明确企业的发展目标，据此建立相应的绩效考核指标。

具体来说，如果现阶段海润食品需要的是销售量指标，就围绕销量来制订绩效考核指标，围绕销量来评价员工的工作业绩，这些考核指标主要包括：人员的周终端拜访频次、客户拜访率、产品铺市率、客户开发数量要求、产品陈列情况、月度销售达成率等。当企业需要回款指标时，就围绕回款数量来制订绩效考核指标，如制订应收账率额度、回款率等指标。同时，老唐提出建议：在制订绩效考核方案时，考核指标不是越多越好，而是越少越简单越好。考核指标最好不要超过 3 个，这样才能给团队成员传递清楚团队管理者的意图和企业发展方向。

小提示：绩效考核指标不是越多越好，而是越简单越少越好。

六、定期培训，统一队伍思想

“培训是最大的福利。”培训是团队建设的重中之重，通过培训不仅能够让团队成员学习技能，还能在潜移默化中统一团队人员的思想，引领团队成员的行动，同时也可以让员工互相了解，建立深厚的友谊，增加员工的归属感，从而稳定人员队伍。

就此，老唐给王海涛提出两点建议：一是要建立营销团队定期的培训制度，不论业务员、主管有什么事，距离公司多远，花费多少，每月都要回公司本部集中接受培训；二是作为管理者，王海涛最好亲力亲为，对培训的内容和方案进行把关，这样才能使培训工作有的放矢，适应企业和团队自身的实际情况。

小提示：培训不只是让员工学习技能，还可以增强员工的集体归属感，在潜移默化中统一员工的思想和行动。

第二节　营销团队的日常培训该如何做

培训的最终目的是让员工自信和自立，增强团队的凝聚力。

A食品有限责任公司经过多年发展，市场规模逐步扩大，企业也由小变大，营销队伍的人数由发展之初的五人扩大到如今近六十人的规模。然而，随着销售队伍规模的扩大，作为企业的营销负责人，万总深感整个营销队伍人员能力及团队凝聚力不足，对企业发展造成影响。为此，万总专门邀请相关培训老师对营销人员进行培训。但是，万总发现，培训效果和自己的预期相距甚远……培训的结果往往是参与培训的营销人员在培训现场心潮澎湃、豪情万丈，感觉受益匪浅，课程结束后可能还回味无穷，但一回到实际市场中，却还是一头雾水，找不着方向；或者台上培训讲师激情万丈，滔滔不绝，台下接受培训的人员一脸茫然；又或者是培训老师为了活跃课堂气氛而制造气氛，花费大量时间讲一些人人都知道的哲理故事，再穿插一些看似很热闹的互动游戏，让培训变成故事会……对于这种培训结果，万总非常苦恼，也在积极寻找办法。

究竟该如何做好营销团队的日常培训，从而更好地服务于营销工作？

提高营销人员的工作技能，增强营销人员应对市场变化的能力，打造一支有竞争力和凝聚力的营销队伍，是每一个企业的目标。所以，企业的营销管理者对于营销人员的日常培训工作非常重视。但是，良好的意愿和现实之间往往存在巨大的落差，企业往往花费重金开展一系列营销培训工作，但最终效果却不尽如人意。那么，企业在日常培训上的投入如何才能实现效果最大化？做好日常培训又需要从哪些方面入手？

一、营销培训中存在的六个问题

1. 问题一：培训工作缺乏前期规划和事前准备

首先，在很多企业中，对营销人员的培训工作往往处于无规划的状态，很多培训往往是管理者一时的想法或随意的安排；其次，培训之前，培训负责人未对受训人员的需求进行了解，不清楚讲什么、怎么讲、给谁讲，只是听从上级或者公司安排，且事前不与培训老师进行沟通，导致培训老师不了解企业需求，不知道培训对象的具体工作事务，结果培训内容和受训人员的实际需求不符，培训没有取得实际的效果。

2. 问题二：把培训当作走向成功的捷径，认为培训可以解决一切问题

作为企业的一项战略性投资，营销培训是长期投资，其产生的效果需要在实践中逐步检验，不可能一蹴而就，立竿见影。但是，在现实中，很多企业和营销管理者对营销培训往往抱着极高的期望，认为培训是济世良药，不仅要立马见效，而且希望药效持久。这种心态导致对培训期望过高，结果可能是期望越高失望越大，最终对培训失去信心。

3. 问题三：培训内容缺乏实战性

营销是一项实践性很强的工作。培训营销人员不只是让学员学到更多的知识，还要让学员通过学习提高实战能力，从而提升工作业绩。但是，在现实培训中，很多培训师嘴上功夫了得，实践经验全无，更别提行业经验，授课教师常常讲些内容空洞的理论，但慷慨激昂，结果往往是学员课堂激动，课后乱动，回家一动不动；或者培训只讲成功案例，不讲失败案例，对营销人员的实际工作没有借鉴性，对营销人员提升工作能力也没有帮助。

4. 问题四：选择培训师不考虑企业实际需求，只追求“名声”

很多企业的营销管理者在选择培训师时，不从企业的实际需求出发，只讲究所谓的“名气”，认为有名气的培训师一定是最好的，而对培训师或培训机构的从业背景、机构的特长方面少有考虑。虽然“大师”的培训非常幽默和生动，气氛非常热烈，但由于对行业不了解，讲的内容空洞无物，与企业的现实情况完全不搭边，培训结束之后，学员无非是记得一些幽默的笑话而已。“专家”的理论体系可能非常完美，但学员不一定能听明白，所举案例也都非常经典，但没有一个是亲自操作的，也没有一个合理的建议能够针对企业的现状给受训者以启发。培训的方式只是填鸭式的灌输，讲师滔滔不绝，学员却昏昏欲睡。如此培训，效果可想而知。

5. 问题五：培训内容单一，缺乏针对性，与培训对象需求不一致

市场是动态的、复杂的，在营销实践中没有固定的模式能解决所有问题，因此，营销培训需要根据企业和市场的实际情况，采取不同的培训模式来提升培训的效果，真正做到培训与实践相结合，而不能用千篇一律的培训方式来解决营销中遇到的各种实际问题。另外，从事营销工作的每个人，因其所处社会层次不同，所接受教育不同，所生活年代不同，所以各自的思想会不同，解决问题的方式就会有所区别。所以，在营销培训中，针对不同层次、不同年龄的受训者要采取不同的讲述方式，传授的内容也要因人而异。也就是说，营销培训的课程内容必须要和受训人员的需求一致，不能忽视受训者的层次、经历和工作素养，避免采用一锅烩的方式给所有人都进行培训。

6. 问题六：培训方式单一，培训后缺乏跟踪和效果评估

很多时候，企业采取单一、枯燥或填鸭式“我讲你听”的封闭式培训方式，时间少则两三天，多则十几天。企业希望采取这种封闭式的狂轰滥炸让受训者短时间内学习大量知识，快速达到脱胎换骨的目的，而不是从受训者角度考虑是否有培训需求。在培训完成后，组织者对培训的后续工作不进行任何跟进，对培训的方式和培训效果不征求反馈意见，进行评估，对受训者培训后的学习和总结没有相关要求，结果成了为培训而培训。

二、把握营销日常培训中的两大原则

原则一：切合企业实际与营销实践的需求。

企业开展营销团队日常的培训工作，在培训师的选择、课程要求和培训的形式上要切合企业营销实践的需求，做到有的放矢。

原则二：培训规划提前做好，培训计划充分准备。

对营销团队或者人员的培训，要根据企业营销战略做好前瞻性规划，在此基础上做好年度和月度的培训计划，接着做好培训的组织和准备工作，让培训工作能按计划顺利推进，防止出现为了培训而培训的情形。

三、营销团队日常培训要做好的七项工作

作为营销团队能力发展的重要组成部分，营销团队的日常培训究竟该

如何进行才能提升营销人员的工作技能和应对市场变化的能力，并实现凝聚人心以提升营销团队的战斗力？

营销团队日常培训要做好以下七项工作：

1. 要正确认识营销培训的作用

“没有放之四海而皆准的真理”，同样，营销培训也不可能解决营销工作中遇到的所有问题，这只是解决营销工作问题的一个手段。因此，企业的营销管理者对营销培训的作用要有正确的认识，既不能认为营销培训是全能的，能立马见效、立竿见影，也不能认为营销培训对营销工作没有任何作用。我们既要看清楚营销培训对员工工作技能的提升作用，以及对团队凝聚力的促进作用，也要看到营销培训所起作用也是有局限性的。只有正确地认识营销培训的作用，才能做好营销培训工作。

2. 要立足企业实际，完善培训规划

“不打无准备之仗。”作为企业营销系统建设的重要组成部分，营销团队的日常培训是一项长期、系统的工作。要做好企业营销团队的日常培训，使培训的效果达到企业管理者的预期，企业管理者需要对培训工作进行系统规划。具体而言，主要是做好以下四点：

第一，要了解企业营销团队的现状，主要是营销团队人员的构成、层级和架构情况，然后据此进行人员分类，确定后期培训的需求选择。

第二，建立企业营销培训人员的信息系统，主要内容包括受训人员姓名、性别、年龄、学历、专业、工作经历、现有素质和技能等，以便在进行需求分析时，能够掌握员工实际情况，合理分类，做出正确评价，进而得以制订切实可行的培训课程，有针对性地开展系统性培训工作，逐步形成包括业务人员岗位培训、销售主管培训、区域经理培训、高层管理人员培训等在内的比较完整的培训体系。

第三，进行企业营销工作培训需求分析。这主要是根据营销系统的现状和未来的发展规划进行。分析企业的市场发展后期对营销人员知识、技能、素质的要求，确定营销人员需要学习的知识和技能，进而确定相关的培训内容，保证营销系统发展的需要。

第四，完善培训规划。这主要根据企业营销工作的实际情形，结合销售的时间，制订年度培训计划和月度培训计划，内容包括培训的时间、地点、课程、培训师选择、培训参与人员、培训过程的要求，以及培训需要达到的目的和培训效果评估等。

3. 培训开展前要做好人员组织和细节安排

在营销培训开始前，需要做好一系列培训组织工作，包括培训时间、地点、培训的人员选择（名单）、培训着装要求以及培训期间的其他相关要求。与此同时，需要做好培训会议的一些细节工作，比如培训参与人员的工作分工、现场管理人员确定、与培训师的沟通、参与培训人员的情况、培训课程内容的选择、培训采取的方式，等等。

4. 培训的内容要立足于实战化

营销培训的目的是培养冲锋陷阵的战士，而不是理论家。对营销人员的培训，内容要实战化，要根据企业的具体情况选择合适的课程和培训方式。

第一，培训的方式要多元化。针对营销人员工作的具体特征，通过提出实际问题或个案，采取集体交流、案例分析、角色模拟和实地考察等多种方法，使受训人员对相应的情况进行独立研究或相互交流，以提高受训人员分析问题、解决问题的能力。

第二，培训的内容要立足于营销实战。针对营销人员的工作需要，培训内容要多些实践知识，少一些理论分析，要多些互动，少些宣讲，要多讲一些失败案例，少讲一些成功案例，要重点选择营销技巧、产品知识、行业发展趋势、市场开发技巧、团队管理、经销商管理等与营销人员息息相关的内容，切忌选择一些看起来高大上的成功学课程或潜能激励课程。

5. 要做好培训师的选择

要想保证培训的效果，培训师的选择至关重要。“隔行如隔山”，虽然各个行业的营销理论大同小异，但在具体的营销实践上还是有着很大差别。因此，在培训师的选择上要注重老师的从业背景和培训经历，尽可能选择和企业的行业有关联的且有市场操作经验的培训师，这样培训的内容才能更切合企业实际，培训师才能言之有物、言之有理。

6. 要做好营销团队日常培训的效果评估

培训结束后，要对受训人员、培训方式、培训计划和培训效果等进行评估。比如，根据培训前后营销人员知识、技能、销售业绩有无改进和改进的程度，以及企业的培训收益与培训成本的比较等指标，对企业培训工作做出整体评价，以不断改进营销培训工作，如建立相应的培训考核制度、培训奖惩制度、培训质量跟踪制度和培训档案管理制度，提高培训投入的回报率。

7. 企业领导要亲自参与

上行下效，企业领导者对营销培训的态度直接影响着基层人员对营销培训的重视程度。领导的重视是做好营销日常培训工作的关键。企业领导者不仅要参与培训规划的制订，同时也要身体力行，尽可能参与培训学习，这样不仅可以对培训过程的实际情况进行了解，同时也便于对营销培训的方式提出改进意见，使培训工作不流于形式，让培训的效果能更上一层楼。

第三节　营销新人的筛选工作如何做

现在企业面临的困难主要有两个：一是新产品的开发；二是产品的推销，而这两件事情与营销人员的工作密切相关。在一定意义上可以说，选择营销员、培养营销员、管好用好营销员是企业能否占领市场、不断拓展市场的关键。其中，如何筛选销售新人是营销管理者面临的首要问题。很多企业对人员的招募和选拔还比较粗放，让团队管理难度增大。那么，销售新人的筛选工作该如何做?

一、先人后事，找正确的人做正确的事

柳传志有一个著名的“三不干”定律，就是：“不赚钱的事不干；赚

钱，但一旦失败承受不了的不干；赚钱，即使失败了也能承受得起，但没有合适的人来做也不能干。”这很好地说明了“先人后事”的重要性。找正确的人做正确的事，对于销售管理者来讲，欲实现开疆拓土占领市场的愿望，首要工作是选对人，即选择那些先天品质好，后天有培养潜力的人。因此，作为团队的管理者，你有时可能无法重新选择团队成员并组建团队，不过一旦有了这样的机会，你一定要抓住，不可图省事把营销人员招聘的事情完全交给人力资源部门。你应该参与招聘、选拔的全过程，并根据自己团队的特点提出甄选人员的标准和建议，找到自己想要的人。具体来说，需要做好以下两个方面的工作：

1. 考虑被选拔者的四个维度

第一，考虑被选拔者的职业经历——是否有该职位所需的工作经验和背景。

第二，考虑被选拔者的工作能力——是否有能力胜任此项工作。

第三，考虑被选拔者的动机——是否需要做这份工作。

第四，考虑被选拔者的团队意识——能否和整个团队协作配合。

2. 明确所需要人员的特质

适合做销售的人，一般需要具备以下五个特质：

第一，愿意并善于和人打交道，即善于建立陌生关系，善于面对拒绝。

第二，能换位思考，站在客户的立场考虑问题，即善于理解他人，善于发现和满足客户需求。

第三，要有主动性，即善于主动出击对别人施加影响，有强烈的说服欲望。

第四，要有热情和良好的态度，即善于取悦客户，提供持续的服务。

第五，要有自律性，即善于自我管理。

小提示：管理者选拔人员，不要太相信个人的第一印象，要在工作实践中发现人才。

二、要善于发现人，发挥人的优势

刘邦善于用人是出了名的。刘邦曾问韩信能带多少兵，韩信说多多益善。接着，他又问自己能带多少，韩信说最多能带10万兵。刘邦不解，问韩信这么厉害为什么反为自己所擒。韩信说：“陛下不善将兵，善将将。”韩信的一席话道出了刘邦能成大业的真正原因。

古人云：“金无足赤，人无完人。”“君子用人如器，各取所长”。管理者着眼于人的优点和长处，就能发现人才，用好人才，留住人才。作为管理者，若求全责备，对下属总是横挑鼻子竖挑眼，最终会人心离散，而用其所长，各得其所，让下属心情舒畅，团队效率自然会不断提高。

作为团队的管理者，要做好人员筛选，要做到以下四点：

第一，价值观是人员筛选的第一原则。选人就是选价值观，这是第一原则。我们要选择那些有意愿且乐意为工作付出，并且懂得服从的人，这样的人才有激情、活力和团队精神。

第二，要能够发现下属的长处。员工的长处不是一眼就能看出来的，需要你去发现，这是用人所长的前提。有几个方法可供参考：借助素质测评的工具和方法；在日常工作中留心观察员工，看他们什么事情干得又好又顺手，什么事情则做起来费力又没有成效；倾听员工的意见；多授权，给员工充分的发挥空间，“是骡子是马拉出来遛遛”。

第三，量才适用，力求实现最佳和最合理的人力资源配置。每个人的能力都呈现出一定的倾向，就是说，在一些领域能力表现突出，而在另一些领域里表现一般或低下。作为团队管理者，应该优先在人才擅长的领域内配置岗位。比如，长于空间思维能力而人际交往能力较差的人，适合技术性的岗位；有较强计算能力的人适合做会计、投资类工作；统筹能力强、头脑清晰的人适合做生产调度工作；有较强人际交往能力的人适合做行政、人事、营销等工作。

第四，给员工自由选择的机会。做自己不擅长的工作是很痛苦的。然而，往往只有员工知道自己最适合干什么。所以，管理者要倾听员工内心深处的真实想法，在条件许可的范围内，允许员工自行配置岗位角色，并通过部门内部的竞聘上岗、轮岗等措施，去发现员工潜力，激活员工能力，提高团队绩效。

三、分类管理，区别对待

企业里通常有三类人，一类是“人财”，占 10% ~20%。按照“二八原理”，这 20% 的人创造了企业 80% 的财富，他们的产出远远大于企业对他们的投入，他们是企业宝贵而稀缺的资源。这部分人的流失不仅会直接打击企业的经营活动，更是帮了竞争对手的大忙。因此，销售管理者在忙于经营和市场竞争的时候，千万不能忘记人才这项最大也是最根本的竞争优势。对于这类人，一定要善用、重用、用好，想尽一切办法防止流失。

另一类人是“人在”，占 70% ~80%，他们的产出基本等于或稍大于企业对他们的投入。对这类人，企业要在态度、知识、技能、习惯、文化认同等方面加强培训，尽可能地让他们转化提升为“人财”。

第三类人是“人灾”，占 5% ~10%，这类人是企业的祸害和垃圾，他们的产出小于对他们的投入，甚至还会造成直接或间接的负产出。对这类人，营销管理者要建立淘汰机制，清理出队伍。

总之，对“人财”要保护，对“人在”要转化，对“人灾”要清理。只有区别对待，分类管理，才能保持团队的活力，营造出干事创业的积极氛围。

小提示：

【实战管理语录】企业选人的 16 条原则：

（1）带人的第一步是选人，选人的第一步是选价值观。

（2）改变人的思想是最难的事，要谨慎去做，顺势而为。

（3）为求知己，选择志趣相投的人，慢选是值得的，先慢后快。

（4）选择合适的人很省心，就像谈恋爱一样，都有快感。

（5）带人就是带思想，思想要形成纲领，反复传播。

（6）纲领一定要是个好口号，这样才可以铭记于心，口口相传。

（7）口号要与实战挂钩，因此诞生了KPI考核这个撒手锏。

（8）复杂的事情简单化，简单的事情流程化，流程的事情考核化。

（9）考核是鉴定下属能力标准的最直接也是最有效的手段。

（10）培训队伍，输入新理念，提升新技术，是领导的责任。

（11）培训是最大的福利。不喜欢被培训的人员一定要清理出队伍，因为他已经开始不求上进。

（12）团队的工作分配一定要量化、数字化，一看就能明白。

（13）团队的工作要有过程关注，关注了，才更有动力。

（14）无利不起早，带团队，本质是带他们一起赚大钱，赚钱多了，队伍就稳了。

（15）销售队伍的领导要做枭雄，这样你的团队才有龙虎精神。

（16）敬天爱人，给钱，给感情，给尊重，兄弟们会跟你一起走！

第四节　如何对营销新人进行工作安排

“铁打的营盘流水的兵”，营销岗位往往是企业中人员流动性最大的岗位，这一方面是因为营销工作优胜劣汰的竞争机制导致人员变动；另一方面是因为人员有“水往高处走”的心态。因此，招聘新的营销人员是每一个营销负责人的日常工作。作为A食品有限责任公司的销售总监，宋总每年都会全程参与企业营销新人的招聘。在招聘过程中，宋总始终坚持按照选人先选价值观的原则对营销人员进行筛选。营销新人经过人力资源部门的培训后，全部分配到销售部。

面对十几张新的面孔，宋总非常高兴，新鲜血液的输入对整个团队来讲都是一件好事，不仅可以让队伍的人员进一步充实，同时也可以激活团队。如何对这些营销新人进行工作安排成为当务之急。新人工作安排好了，对整个团队来讲可以起到促进作用，而安排不好，则可能成为团队今后发展的桎梏。究竟该如何对这些营销新人进行工作安排呢？

快消品行业是一个市场覆盖面广、渠道层级复杂的行业，有着巨大的市场空间、最激烈的市场竞争环境和千变万化的市场操作手段。因此，每一位销售管理者都希望能够组建一支素质高、业务能力强的营销队伍。但是，组建一支这样的团队不仅需要时间，还需要团队人员在发挥出与各自岗位匹配的能力的同时，还能做好互相协作，形成合力。实现团队效应的最大化，需要对人员岗位进行有效分配，具体到快消品行业的人员分配，销售管理者可以采取的策略是坚持一种基本方式、明确一个总导向和坚持四个基本原则，当然，通过实习实践来了解个人能力和人员分配需注意的事项也需要在这里讲解一下。

一、一种基本方式

根据员工的能力和经验，对员工进行分级，并配置到适合的岗位上。

二、一个总导向

将合适的人放在合适的岗位上，用正确的人做正确的事。

三、四个基本原则

四个基本原则包括以下内容：

1. 性格和岗位的匹配原则

人的性格并无好坏之分，如内向和外向、沉稳与急躁，不能作为个人品行好坏的评定依据。但是，在营销的实际工作中，不同的岗位对性格有着不同的要求。比如，担任营销管理者的人，既要有统筹全局的本领，又要能充分调动大家的工作积极性，所以应当具有大格局和胸襟，对下属要做到充分信任、主动授权。市场一线的销售人员由于需要经常与客户打交道，与终端店主沟通，则要性格偏外向些，既要具备一定的沟通协调能力，又要能够发挥独当一面的作用。从事市场部门策划和设计的人员，性格则应以踏实认真为主导，要有一种凡事较真、一丝不苟的匠心，具备将专业领域工作做到极致的“钻劲”。因此，在人员筛选中，营销管理者要清楚“尺有所短，寸有所长”的道理，根据营销人员性格特征及不同岗位对人员性格的要求，按照性格和岗位匹配的原则，进行人员筛选和使用，在人员使用上做到扬长避短。

2. 能力和岗位匹配原则

不同层次的岗位对人员的能力结构和能力大小要求有显著区别。具体到对新营销人员岗位的分配上，营销管理者或负责人需要根据实际需求把合适的人放在合适的岗位上，如果出现人员能力高于岗位的要求，这样个人的才华无法施展，积极性会受到打击，而人员能力如果低于岗位的要求，则无法胜任工作，使企业的凝聚力和竞争力均受到影响。

3. 团队成员的匹配原则

道不同，不相为谋，一个优秀的营销团队，其突出的特点是“合而不同”，而非千人一面。团队的成员不仅需要志同道合，更需要能力互补和匹配。营销管理者在进行人员岗位分配时，需要清楚地知道团队成员的匹配需求，即团队喜欢什么样的人，需要什么样的人，能够包容什么样的人，这样才能建立稳定的团队。

4. 员工的主观意愿原则

俗话说“有钱难买愿意”，一个人的积极性，靠的不是所谓的制度和规矩，更多是靠自身的意愿，只有乐意干、愿意干才能积极付出。因此，营销管理者在进行人员岗位分配时，可以先和员工进行必要的沟通，了解员工的意愿，再进行岗位的确定。

四、在营销实习实践中和岗位竞赛中确定人员岗位

如果说实践是检验真理的唯一标准，营销工作中的业绩就是检验能力

的唯一标准。对于营销新人的工作安排，由于刚开始双方之间还缺乏了解，在坚持一种基本方式、明确一个总导向和坚持四个基本原则的基础上，营销管理者还需要通过销售的实习实践来了解他们的个人能力，为安排他们的工作岗位提供决策依据，具体有如下两种方式：

（1）在销售实习的实践中观察和挑选。对新人的工作安排，营销管理者要彻底放弃根据应聘表进行安排的不合理想法，真正需要做的是在销售实习的实践中去观察他们，因为每个人的应聘表中所写的都是其最出色的一面，而其实际的工作能力还需要经过实践的检验，也只有在销售实习的实践检验中才能更好地了解一个人的人品、态度和能力，才能发现其优点和缺点，为后期的工作安排奠定良好的基础。

（2）在销售实习竞争中让岗位落地。“相马不如赛马”，单纯地依靠观察来对营销新人进行工作安排难免会出现偏差，因此管理者还需要引进竞争机制，用赛马的办法鼓励营销新人在内部进行 PK，通过公平、公开的竞争来安排一些岗位，这样更能让人信服和接受，对营销新人也是一种很好的激励办法。

五、人员岗位分配需要注意的事项

明确岗位职责和目标是人员岗位分配的基本目标。要实现这个目标，营销管理者在实施人员岗位分配时需要注意以下事项：

（1）确定岗位的名称、定义，以及管理归属。此项工作主要是让团队新成员清楚各个岗位的要求，该岗位在团队中所处的角色，明确岗位工作的方向，以及向谁负责（知道自己的直接上司）。

（2）落实工作职责和内容，让团队新成员知道在这个岗位上自己该做什么，不该做什么。

（3）制订日常工作的流程，即各个岗位的日常工作应该按照什么样的要求或程序去做，要完成哪些具体的工作。

（4）明确管理要求，即让团队新成员知道管理者的要求，明白什么事不能做，以及会产生什么后果。

（5）建立工作的标准，即对团队新成员的工作标准和工作量建立量化指标。

（6）制订相应的考核措施，即对各个岗位的薪酬、补助、考核办法和晋升办法进行明确，做到对全员的有效监督和执行。

第五节 营销团队人员的绩效考核该如何做

营销人员是企业的中流砥柱，企业到底能不能发展下去，全靠这些人的工作表现。

刘经理是一名优秀的营销职业经理人，从事营销岗位工作已经有十年，有着丰富的营销管理经验，在行业也有着很高的知名度。2017 年下半年，因为职业生涯发展的需要，刘经理加盟了 A 公司，出任销售总经理一职。

带着对未来的希望，刘经理走马上任。然而，上任的第一天，刘经理发现 A 公司全体营销人员虽然对自己的到来表示出足够的敬意，但他也发现员工工作积极性不高，整个团队弥漫着一股消极的情绪。带着疑问，刘经理开始了自己上任后的摸底工作……

经过到基层市场走访，并与相关人员进行探讨，刘经理终于明白了导致 A 公司目前现状的原因——公司的考核制度有问题。A 公司 2017 年的营销人员考核方案和目标由公司总部统一制订，但执行半年之后，该方案已经变成了团队成员吃大锅饭的“庇护伞”。原因有两个：一是该考核方案的目标远远超过了实现的可能；二是考核方案还规定如果整个分公司的销售业绩完成不了，即使某个营销人员完成目标任务的 150% 也不能拿到奖金。在这样的制度下，使得销售经理为了集体的利益而搞平衡，极大地打击了营销人员的积极性。

面对 A 公司当前的情形，刘经理认真检核了问题点，并结合市场及团队的实际情况，与公司上级领导进行了充分沟通。之后，刘经理重新制订具有针对性的综合业绩考核制度……经过 3 个月的实施，A 公司销售团队面貌焕然一新，销售业绩也水涨船高……

那么，刘经理对团队人员的绩效考核是如何做的呢？

小提示：考核不是为了扣工资，而是为了鼓励员工得到更多的收入。

刘经理认为：“绩效考核的最终目的并不是单纯地进行利益分配，而是要通过考核发现问题、改进问题，找到差距进行提升，促进企业与员工的共同成长，实现企业和业务人员的共赢”。以下是刘经理在A公司进行绩效考核的做法：

一、确定绩效考核的原则

刘经理认为，绩效考核工作的成败关键在于考核指标的有效确定，即考核指标是否符合企业实际，是否能起到激励员工的作用，整个考核过程是否公开化和透明化，是否存在人为因素。在实施绩效考核时，营销管理者要遵循以下六大原则：

（1）实事求是原则。这主要表现在两个方面：第一，绩效考核的指标要切合企业发展的实际需求；第二，绩效考核的指标要和营销人员工作的岗位职责要求保持一致。

（2）绩效落地原则。绩效考核要根据营销人员的工作业绩、表现，及时落地相关绩效考核的结果。

（3）公平公正原则。考核指标要合理，考核结果要公开、透明，避免人为因素。

（4）满足基本需求原则。单纯以业绩论英雄的绩效考核存在着一些弊端，因为营销人员的销售业绩虽然与其个人努力高度有关，但也受到种种外在客观因素制约，付出不一定有结果。因此，在实施绩效考核时，营销管理者要保障营销人员进行业务开展的基本需求，如薪资部分的基本工资、通讯费、误餐费、差旅等费用等。

（5）激励为主原则。绩效考核指标的设定、奖惩办法和措施要以激励为主，惩罚为辅。

（6）软硬结合原则。企业不仅要注重对营销人员销售量、销售额、利润、市场占有率等硬性指标的考核，同时还需要加强对营销人员的渠道管理、工作态度、信息反馈等软性指标的考核，做到软、硬指标相结合，实现结果管理和过程管理相统一。

二、解决营销人员绩效考核存在的三个问题

根据自身的工作经验，刘经理认为，要做好营销人员的绩效考核，必须要解决好以下三个问题：

问题一：绩效考核指标体系过于简单。目前，大多数企业对于营销人员的考核只注重于销售量或销售额的考核，而对于营销人员的工作过程指标缺乏考核，如费用率、市场占有率、客户满意度、基础工作等，导致业务人员出现短视行为，为完成销量或销售额，不顾企业的整体利益，用高费用支撑高销量。

问题二：考核方法不够科学。有的企业考核指标的确定和考核方法不是从企业的实际出发，而是依靠经验或上级领导意图，结果导致考核指标不合理，绩效考核未能起到其应有的作用。

问题三：考核的指标缺乏个性。这主要表现为两点：一是企业的考核指标单纯借鉴其他企业的相关指标，没有和自身企业的实际情况结合，缺少企业自身的特点和特色；二是企业的绩效考核目标和内容固化。考核指标虽然需要保持一定的稳定性，但也需要根据实际情况有所调整，比如随着企业的发展阶段和企业市场销售季节的变化做出应有的变化。

三、营销人员绩效考核需要做好以下工作

根据A公司过去考核中存在的问题，刘经理从以下五个方面入手，对A公司销售团队绩效考核工作进行了调整：

1. 明确销售目标

清晰的目标是营销人员绩效考核的基础，也是营销人员工作努力的方

向。刘经理综合销售团队各方面的实际情况，根据企业往年的销售数据，遵循销售目标可通过努力实现的原则，对 A 公司销售团队绩效考核目标进行了重新设定。具体做法如下：

第一，对销售目标进行分级。为发掘销售人员的潜力，刘经理将销售目标分为了三级，即基础目标（必保目标）、调高目标（优秀目标）与冲刺目标（卓越目标）。其确定的标准是：基础目标原则要高于上一年度的实际销售额，80% 的业务人员可以通过努力实现目标；调高目标则具有一定的挑战性，至少 30% 以上的业务人员通过努力可以实现；冲刺目标通常只有 10% 的业务人员（高能力、高贡献者）能够完成。对应不同的目标等级，刘经理确定了达成后的奖励标准，如表 1 – 1 所示。

表 1 – 1　销售目标达成奖励标准

岗位	基础目标	调高目标	冲刺目标	备注
经理团队	300 万 0.4%	400 万 0.5%	500 万 0.6%	团队提成
主管团队	100 万 0.5%	200 万 0.6%	300 万 0.7%	团队提成
区域经理	25 万 2%	30 万 2%	35 万 2%	个人提成
主管	20 万 2%	25 万 2%	30 万 2%	个人提成
业务员	5 万 1%	10 万 1.5%	15 万 2%	个人提成

第二，将销售目标进行分解。将确定的目标任务下发至各级营销人员，由各级营销人员将目标分解到品牌、品项、品类、区域、客户、年、月中，并要求各级营销人员在进行目标分解时每一处分解都有对应的策略与计划去支撑目标的实现，不能单纯地搞平均分配或拍脑袋制订计划。

小提示：业务人员由下而上的分解方案与营销负责人由上而下的分解方案进行对接，会有意想不到的效果。

第三，跟踪销售进度。要求各级营销人员的销售目标进度细化到以周为单位进行追踪，一旦发现目标达成与计划有偏差，要及时分析某个细分目标是不是合理，是对应的策略与计划有误，还是执行力出现打折？找出问题，及时纠偏。

2. 确定考核的指标

常用的销售指标主要有定性和定量两个指标，具体如表1－2所示。

表1－2　常用考核指标

指标类型	常用指标	信息来源
数量	销售量、销售额、毛利润、客户开发数、市场占有率、回款率等	销售记录、财务数据
质量	顾客满意度、客户访问次数、终端走访率	销售记录、上级、客户
成本（费用）	销售费用	财务数据
时间	及时性、供货周期	上级、客户
行为	出勤率、报表及时性、市场反馈	销售日报、记录

销售量和销售额等指标代表了营销人员销售业绩的结果；客户访问次数和供货周期很大程度上代表了营销人员的努力程度，是销售业绩实现的保证；顾客满意度则反映了企业质量上的改进抑或企业产品给顾客带来的感受；销售费用的控制侧面反映了营销人员的业绩高低或营销人员技能的好坏；出勤率、报表及时性则反映了销售人员的工作态度和积极性。

要根据企业自身实际需要确定具体考核指标。原则上，企业目标是什么，绩效考核指标就围绕这个目标制订。根据A企业自身的特点，刘经理选择了以销售量、市场占有率、毛利润、销售费用为主要核心的业绩考核指标和以终端走访率、出勤率、报表及时性、市场反馈为辅的行为考核指标。

3. 制订考核的方案

制订考核方案的目的就是要让各级业务人员知道自己该做什么，让他们的收入明确化。针对A企业的实际情况，刘经理把营销人员的薪酬分为三块，即“月薪构成＝基本工资＋绩效奖金＋津贴补助”。其中，基本工资主要包括基础工资、岗位工资、工龄工资，是员工基础的生活和工作保障；津贴补助主要包括话费补助、差旅补助、误餐、交通补助等，是对营销人员在工作过程中所产生的费用所给予一定的补助；绩效工资是营销人员工资的主要收入来源，也是销售业绩达到一定标准，为奖励员工辛勤工作而给予的一种激励奖金，主要通过对员工的工作业绩、工作态度、工作技能等方面的综合考核评估来认定。A 公司营销人员工资构成如表 1－3 所示。

表 1－3　A 公司营销人员工资构成表

薪酬	岗位	基本工资			津贴补贴				绩效工资	备注
		基础工资	岗位工资	工龄工资	电话费	交通费	差补	午餐		
一	营销副总									一、试用期为三个月； 二、业务员晋升至区域经理需连续 6 个月以上 100% 完成销售任务额，且每月需开发一家以上进货额不低于 3 万元的客户
二	营销总监									
三	渠道部门经理									
四	城市经理									
五	业务员									
六	实习业务员									

对于绩效工资方面的考核，刘经理确定了两项重要指标，即销售业绩考核和销售行为考核，同时根据各个岗位的不同，设定了不同的比例。对于一线业务人员，业绩考核和行为考核比重为6∶4；对于二线人员，比如财务部、市场部和行政部人员，业绩考核和行为考核比重则调整为3∶7。每月根据考核打分结果，次月兑现绩效工资，而且对于销售业绩的考核，上不封顶，下不保底，不搞一刀切，也不搞大锅饭，让绩效考核的结果与营销人员的收益挂钩。

4. 做出各级营销人员的绩效考核表

一方面需要围绕企业目标确定考核指标；另一方面需要根据岗位职责、职级的不同，设定以工作内容、职责为要求的相关指标和考核内容。在营销人员绩效考核工作上，企业主要注重定量和定性两个指标，前者是以销售业绩达成结果为考核内容，考核的是销售工作的结果；后者是以销售行为、态度等定性指标为主，考核的是销售过程的管理。根据 A 公司人员的职级情况，刘经理对各级人员制订了相应的考核表，如表 1－4、表 1－5 所示。

表 1-4　业务人员月度考核表

考核品项	项目		考核标准	分值	考核标准	得分
业绩考核	销量考核		销售公司下达指标	100		
合计				100		
行为考核	市场工作	市场走访	1. 合理规划责任区域走访路线，需保证走访周期 3 天/周期，每日走访终端户数 40 家（15 分） 2. 认真完整填写拜访表，并于每日下午 5 点提交（10 分）	25	以高于 60% 的达成率计算分数 低于 60% 0 分	
		订单达成	1. 每日完成订单量 600 元（10 分） 2. 订单成交率 60%（5 分）	15	以高于 60% 的达成率计算分数 低于 60% 0 分	
		作业标准	1. 产品陈列：陈列符合企业标准，产品外观整洁，价格标示显著（5 分） 2. 终端库存：库存合理，按照 1.5 倍存货（5 分） 3. 品项齐全，陈列饱满，产品 SKU 数不低于 5 个（10 分）	20	陈列未按标准清零；库存按照要求和实际进行比列计算，按达成率计算；按实际品项达成率计算	
		客户开发	1. 每月新客户开发数为 2 个（5 分） 2. 每周终端网点新增 10 家（5 分） 3. 产品铺市率：基础产品 60%、重点产品 80%（10 分）	20	以高于 60% 的达成率计算分数 低于 60% 0 分	
	日常工作	纪律性	1. 严格按照公司日常考勤制度上下班，不得出现迟到早退现象（3 分） 2. 每日终端签到 6 次（7 分）	10	未签到一次扣除 2 分	
		报表管理	每周按时提报周报，周报要求经销商当日库存、当日到货情况数量、品项准确。	10	未按时提报、内容不全、数据不准清零	
	合计			100		

表 1-5　区域主管月度考核表

考核品项	项目	考核标准	分值	考核标准	得分
业绩考核	销量考核	销售公司下达指标	50		
	回款率	以指标的实际完成率计算	20		
	销售费用	以指标和实际达成率计算	20		
	毛利润	以预算指标完成率计算	10		

续表

合计				100		
市场工作		任务分解	1. 销售指标分解至各个业务人员和经销商（10 分） 2. 销售指标落实措施（10 分）	20	指标分解不到位每一项扣除 5 分 措施不到位清零	
		业务人员培训	按计划培训 5 个课时（10 分）	10	每少于 1 课时扣除 2 分	
		市场流失率	每月 2 个以内计算（15 分）	15	无流失 15 分，流失一个 5 分 流失 2 个 0 分	
		客户投诉解决	在一个工作日响应，100% 解决（15 分）	15	无按时响应扣 3 分 1 次，无解决扣 5 分 1 次	
		客户拜访	每月拜访客户数 5 家（10 分）	10	客户拜访少于 1 家扣 2 分	
日常工作		团队精神	以总经理为核心，团结同事，配合各部门解决相关问题（15 分）	15	无故不配合者发现一次扣 5 分	
		报表管理	每月按时提交周、月度销售报告（10 分）	10	延迟 1 天扣 3 分	
		工作态度	以身作则，遵守公司规章制度（5 分）	5	违规一次扣 2 分	
	合计			100		

5. 完善营销人员的绩效考核制度

制度的建立是为了保证绩效考核工作的实施有章可循，保证绩效考核的结果能够有效兑现。为了使 A 公司的营销绩效考核能够落实，刘经理在绩效考核相关指标和考核办法确定后，一方面将营销人员的考核细则以制度的形式上报公司人力资源部进行备案；另一方面向下对营销人员进行考核细则的宣贯，同时专门设置了相关人员进行制度的落实，并要求对考核结果每月进行公示，做到考核透明、公开。最终，考核制度在企业内部生根落地，营销人员的积极性得到最大程度的释放。

第二章

营销团队管理——方法篇

第一节　如何对一线业务人员进行有效管理

由于工作的特殊性，一线业务人员时常游离在企业营销管理者视线之外，对其的管理是很多营销管理者比较头疼的问题。管理太严会出现怠工、窝工的现象，而管理不严又会如脱缰的野马难以控制，偷懒耍滑、工作之中干其他兼职等问题层出不穷。如何有效管理这些一线业务人员，做到能放能收，提升销售的效能呢？

李某是W市友好食品有限公司的销售总监，该企业主要从事固体饮料奶茶和液体饮料产品的生产和销售。作为一个从一线业务人员打拼起来的职业经理人，李某不仅对一线业务人员的工作情况非常熟悉，而且在对业务人员的管理上也很有一套。李某认为："一线业务人员作为企业的基层人员，其主要工作是将公司意图和行动方案进行落地，管理者对其工作的核心要求是执行到位，并将市场问题进行及时和真实的反馈。因此，对于一线业务人员的管理必须围绕其核心工作来进行……"

为了实现对一线业务人员的有效管理，李某采取如下做法：

一、按岗定职责，明确工作内容和要求

结合企业的实际需要，根据业务人员的岗位，确定业务人员的工作职责，并对其工作内容和要求进行明确，让业务人员知道自己该做什么，如何做。

二、固化工作流程和标准

"没有规矩，不成方圆"，通过标准化工作流程和固化工作执行标准，可以让一线业务人员知道开展具体工作的步骤是什么，工作达到要

求的标准是什么。这样可让工作有规可循，企业考核有据，避免由于下属员工个人经验、能力、悟性等不足造成工作上的失误，使其更高效地工作。

这些流程和标准主要包括：《业务人员工作手册》《销售部管理白皮书》《终端建设标准化操作细则》《销售日报、周报、月报汇报管理制度》《推广活动申报审批报销流程规范》《促销推广执行标准》《终端宣传话术》，等等。

三、确定销售业绩量化考核指标

“考是老师的法宝，分是学生的命根”，管理业务人员同样如此。考核是企业管理的有效手段，也是判断业务人员是否合格的最终标准。考核分数事关业务人员收入，是业务人员最关注的事情。营销管理者需要清楚地认识到，业务人员只会关心你要考核的工作。因此，要对业务人员进行有效管理，必须要对其工作的成果确定考核的标准，如一线基层业务人员作为市场一线的执行者，对其考核最根本的指标就是销量或者销售额（回款额）；而对身处市场一线的业务管理人员，由于工作角色改变，工作的职责发生变化，对其采用的考核指标就需要更丰富一点，不仅包含销量（销售额）指标，还要加上如产品品项、费用控制、应收账款等指标。

四、完善指标性行为考核要求

好的过程虽然不一定能带来好的结果，但好的结果一定需要一个好的过程。因此，在对一线业务人员进行考核时，仅仅盯着最终的销量或销售额（回款额）是不够的，还需要强化和完善对其行为的考核。需要根据企业工作职责和工作要求确定业务人员的行为考核指标，这样才能把工作的要求和标准落到实处。这些具体指标主要包括：客户拜访率（量）、终端走访率（量）、产品铺市率、产品陈列到位率、SKU 丰满度等。

五、随时对工作情况进行督查

制订了相应的人员工作职责，明确了工作要求和执行的标准，下达了相关的考核指标，并不意味着万事大吉，毕竟人都是有惰性的，不可能每一个一线业务人员都会自觉、自发地按照企业赋予的职责、要求和标准全身心地投入工作，因此，对于业务人员的日常工作情况，必须保持随时监督，以保证工作能够按照要求开展，具体的措施包括：手机定位签到、钉钉定位、人员协同拜访、管理人员一线市场抽检，销售日报表填写审阅，等等。

六、做好激励工作

一线业务人员长期处于和终端客户打交道的过程中，工作内容单一、枯燥，面对客户拒绝和责难，他们每日都面临着一定的挑战。因此，除了对他们的工作加以监督和考核，营销管理者更需要做的事情是对一线业务人员进行激励，调动他们的积极性，让他们最大限度地把个人潜力发挥出来，确保实现既定目标。

要做好激励工作，营销管理者需要做到以下三点：

第一，要广开言路。管理者要认真倾听业务员对市场与公司的建议，有选择地加以采纳，并相应地进行表扬和鼓励，这样做能让他们感到自己的价值得到了体现，具有很大的精神激励效应。

第二，奖励承诺要及时兑现。在涉及钱的时候一定要谨慎，但是谨慎不是抠门，而是不要轻易许诺。一旦承诺了，就要说到做到，让业务人员相信公司值得信赖。如果企业总是不及时兑现承诺，业务员不仅会认为企业没有信誉而对企业丧失信心，还有可能对公司心生不满而跳槽到对手公司。

第三，要重奖励轻处罚。人有被赞扬、被肯定的心理需要，一般情况下，表扬、肯定下属比批评有更好的激励效果。因此，在一线业务人员工作出现问题时，管理者的批评要适可而止，处罚要适度。

小提示：奖励要及时，批评要适当，最佳工作效率来自高涨的工作热情。

第二节 如何组建一支高效的终端营销队伍

行动迅速、基本功扎实、执行力强是一支高效终端营销队伍的素质。

K省新发食品有限责任公司是一家专门生产和销售饮料的企业，成立时间只有短短三年，凭借过硬的产品质量，目前年销售额过亿元。其主要围绕K省进行市场布局，其中K省省会Z市的销量占企业总销量的60%，占领Z市20%左右的市场份额。这不仅和一些全国和国际知名品牌相比肩，而且大有超越这些知名品牌的趋势。

对于公司在Z市市场上取得的优秀业绩，伴随新发食品一路成长起来的销售总监李胜利是这样总结的："新发食品有限责任公司在Z市取得成功主要取决于以下几个方面：一是企业产品质量过硬；二是企业在Z市市场有着天时地利的先天优势；三是企业营销队伍努力的结果；四是企业拥有一支高效的终端营销队伍，这也是最重要的因素"。

作为公司终端营销队伍建立的亲身经历者和实践者，对于如何组建一支高效的终端营销队伍，李总监有着自己的心得，并总结出以下经验：

一、确定组建原则，做到选好人、选对人

李胜利认为，要建立一支优秀的营销终端队伍，人是第一要素。如果能选好人、选对人，终端营销队伍的建设工作基本上就成功了80%。而要做到这一点，则需要企业对建设终端队伍有足够清醒的认识，把握两个原则，做好两个选择。

1. 把握两个原则

组建队伍原则。“不惜代价、不拘一格”，整合可用资源组建终端队伍，相信“枪杆子里出政权”，有队伍，有渠道，就有一切。

人员选择原则。选人、用人遵循“接地气、靠得住、吃得苦”的下沉原则，选拔和使用终端营销人员，要不唯学历、经验，只看实际工作能力。

2. 做好两个选择

首先，要找到和选拔合适的人，主要从以下几个方面进行：

（1）整合周围资源，调动“自身和企业各个方面的关系户”，推荐“靠谱的人”。这种选人方法虽然有点土，但在企业发展初期被证明是非常实用的策略。采取这种方式的好处是企业了解被举荐者的底细和态度，用起来比较放心。

（2）招募退伍军人。事实表明，很多退伍军人终端业务都做得不错，这可能和他们在军队里历练出来的“执行力”和“战斗精神”有关。

（3）招募“学生兵”。这是目前很多企业招聘终端营销人员的常用途径，他们喜欢找一些业务所在地的大中专院校学生，充实到一线终端营销队伍中去。采取这种办法的关键在于团队管理者能否把“苗子”看准，难点在于刚出校门的学生经济承受能力较弱，社会经验和工作能力欠缺，需要花费一定的时间进行培养，风险在于他们从“小白”成长为“人才”后，跳槽去其他企业。

（4）在市场一线招聘或通过广告招募队伍。在市场一线招聘主要是指下沉到终端，进入当地的“终端圈子”，通过当地的业务朋友介绍、推荐等来寻找人员。通过广告招募队伍主要是在当地媒体打招聘广告，在当地招聘。

总之，建立终端队伍要不拘一格，有很多原来在企业的车间工人、技术人员后来转做销售人员的成功例子。

其次，在用人方面，主要是用对人，让合适的人去做合适的工作。

用对人，就是让合适的人到合适的岗位、合适的区域，有合适的待遇，在工作的过程中能充分发挥其优点。比如让思维灵活、性格外向、善于整合各方面资源的人去做促销推广工作，让踏实肯干、性格沉稳的人负责终端走访，让性格外向、沟通能力强、工作独立性强的人从事市场开发或终端开发等。

小提示：有什么样的营销团队就会有什么样的销售业绩。高绩效的团队才会产生高绩效的业绩。

二、让进入公司的新人进行必要的培训

李胜利认为，无论新招来的营销人员个人素质多么好，如果不进行统一培训，也很难形成一支有战斗力的“正规军”。因此，新的销售人员进入公司后，不论市场对人员需求如何急，都要对他们进行半个月的培训，就做人、业务技能、公司情况、产品特点等方面进行统一的灌输。

（1）人格的培养。诚实、热情与爽直是现代销售员必须具备的人格特质，否则没有生存的空间。

（2）知识的学习，主要是产品知识、业界知识、客户服务知识及相关知识的学习。

（3）销售技巧。评判销售员的能力高低主要是销售业绩，所以必须提高销售员完成交易的技巧，有可能的话，还可进行营销企划方面的训练。

（4）心态，是指心理态度与身体状况，是否有工作动力。没有工作动力、工作懒散的销售员在竞争激烈的商业社会是无法生存的。

与此同时，还需要依靠队伍的“老人”进行“传、帮、带”。传——就是传授销售方法和经验；帮——帮助他们解决工作和生活中的困难；带——带着走终端、走客户，把他们一个一个都培养起来。

小提示：一个未经训练的队伍就是散兵游勇，难以维持长久的战斗力。

三、建立标准化的团队工作制度和考核制度

“只有铁的纪律才能打造铁的队伍”，组建高效终端销售队伍首当其冲的是建立一套终端队伍的行动标准。终端营销队伍成员进入团队的第一步就是进行标准化训练，这可以尽量保证团队成员走正确的路，避免团队成员在追求个人目标的过程中出现“爬上楼梯靠错墙”的情形。

李胜利认为，一个没有标准的团队就不能称为团队，只是男和女组成的一群人而已。如果没有日常作息制度、工作纪律及标准的行为规范，团队成员必将处于无政府状态，比如团队成员日上三竿才睡眼惺忪地走到经销商办公室；如果没有建立日、周、月工作计划和反馈制度，销售负责人就不能掌握目标完成的过程，容易出现“平时不烧香，临时抱佛脚”的压货现象。

对于应该建立哪些标准，既能起到有效的管理作用，又不会影响终端营销队伍的工作积极性，李胜利认为，需要确立以下几种制度：

1. 确定基础制度

基础制度包括：日常作息制度、工作纪律、差旅费报销制度（需在制度中明确规定各岗位人员出差天数的要求、出差效果的检核标准、出差费用的检核等），例会管理制度（明确晨会的召开时间、具体内容和流程、周例会的召开时间、具体内容和流程、月例会的召开时间、具体内容和流程）等。

2. 建立日、周、月工作计划和反馈制度

月度营销计划内容包括：任务分解、产品策略（为达成目标需采用的方法、本公司产品分析、库存结构分析、卖场样品出样分析），渠道激励策略，终端促销策略等。

每周工作计划内容包括：一周工作安排；拜访经销商名称和次数、明确打款开单量或分销量、新开网点数量、促销活动执行、市场信息分析结果等。

工作日志内容包括：当日重点工作项目、经销商拜访计划、当日工作

总结等。

各营销团队带头人可结合以上内容，根据自身团队的特征编制符合管理实际需求的《营销人工作日志》。团队领导除了要会制作表格，还应该会看表格，根据表格输出的信息来判断团队成员的工作状态并及时调整策略。

3. 建立终端营销队伍成员的营销行为考核制度

要想打造高效的终端营销队伍以实现持续的竞争力，就必须深入到团队成员营销行为的细节管理中。李胜利认为："目前，大多数企业对营销人员的考核基本只关注月底的几个数据，如回款额、销售完成率、零售量等，很少有企业将营销人员的考核落实到每一个具体的行为上。这种粗放式管理无法提升终端营销队伍营销力，因而无法实现竞争力的持续性增长"。

对营销人员行为的细节考核，需要做好以下工作：第一，根据自身的实际情况制订一张符合自身实际情况的考核表；第二，应与团队成员充分沟通，确立每一个考核项的权重；第三，确立专人负责每一个团队成员的考核落实；第四，在规定的时间内将考核表统一上交，团队带头人据此进行一对一的沟通，对考核表做出评价。

> 小提示：高效团队的建设必须在一套有效的基本制度下，强调成员在团队中的价值，最大限度地发挥团队成员的积极性和创造性。

四、建立有效的激励机制保证终端销售队伍的高效运行

资料调查显示，按时计酬的工作人员每天一般只需发挥20%～30%的能力用于工作就足以保住饭碗。如果能充分调动其积极性，使他们的潜力发挥到80%～90%，效果将相当可观。那么如何才能做到？

李胜利认为，好的激励往往都是物质激励和精神激励有机结合，从而让团队成员时刻处于被激励中，以高度兴奋和积极的心态完成每一次的客

户谈判，落实终端管理的每一个细节。关于具体的激励方式，营销管理者可以尝试做以下工作：

第一，在人才使用上，需要在日常工作中注意观察员工，发现团队成员长处，多倾听下属的意见；给下属充分的发挥空间来自我发现，给予其选择所擅长工作的机会；多授权，“是骡子是马拉出来遛遛”。

第二，在员工发展上，通过公平、公正、公开的机制考核，为营销人员规划好清晰的个人职业发展通道，给予他们更多的成长机会，使其职业能力快速提升。比如通过对企业岗位进行细分的办法来创造职业晋升通道，对潜质好的业务人员，建立总经理不定期与其单独谈话制度，着意培养，使他们感受到公司对其的重视，鞭策其快速提升和成长。与此同时，要敢于起用新人，放置于重要区域，使他们感觉到被重视和支持。

第三，在员工的考核结果执行方面，考评的过程应保证公平、公正、公开，对于考评的结果要根据相关制度严格执行。对那些绩效好、综合素质强的团队成员，除了提高其薪酬外，还可以采用提供学习机会等其他方式加以奖励。总之，要做到多劳多得、少劳少得、不劳不得，在团队成员心中树立“付出总有回报”的信念。

小提示：你能创造奇迹，我必给你惊喜。

第四，在团队人员积极性激发方面，可通过开展各种竞赛活动来激发团队的活力，比如设置阶段性营销竞赛、终端活化竞赛、分销竞赛等，这样既能促进队伍的建设，又可以提升销售业绩。

小提示：竞争出奇效。

第五，在团队氛围的营造方面，销售经理在日常管理行为中需对努力奋斗员工给予适当的鼓励和褒奖，这样可以使团队成员产生信心，增强工作动力，提高团队凝聚力。销售经理可根据自身的实际情况，在每月营销例会后组织团队文体活动，组织非正式的聚会等，以增强团队的归属感和向心力。对业绩不好的人员，三个月内给予调低年薪或降职处理，甚至淘汰，保持队伍的适当流动性。

小提示：好的团队氛围可以使整个团队不是“你”“我”，而是“我们”。

在“终端制胜”的当下，如何建立起一支具有战斗力的高效终端营销队伍是企业营销策略中的重中之重。挑选到合适的销售人才是组建这支队伍的前提；整合优化是基础；必要的系统化培训是根本；使营销人员熟练地掌握销售技巧是决胜的关键；标准化的管理制度和考核制度是队伍建设的基石；有效的激励机制是终端营销队伍高效化的“加油站”。如果这几个方面都能做到，那么这支队伍在商海的博弈中必将赢得市场。

第三节　如何做好营销公司团队的“头狼”

“火车跑得快，全靠车头带”，此话很好地诠释了“没有一个出色的领导者，就没有一个出色的团队”这句话的真正含义。

孙越成为T食品销售公司的销售总经理已经五年了。在这五年里，孙越收获着销售业绩带来的喜悦，他带领销售团队开疆拓土，攻下一个又一个“阵地”，销售业绩是“芝麻开花节节高”，队伍也由过去的十几个人增加到现在的几百个人。提起T食品销售公司的销售团队，业内人士无不竖大拇指称赞。同时，孙越更是收获着下属和经销商的赞誉。

业务经理李明说：“孙总是一个目标和方向感非常强的领导，有着非常强烈的自信心，跟着孙总干，我们需要做的事情就是踏实干活，我们需要做的就是按照要求做好销售的落地工作。”

业务人员张浩说：“孙总是一个非常亲切的领导，不仅关心我们的工作，同时也关心我们的生活，对我们工作中的点点滴滴都非常关注，经常和我们进行交流，对我们工作的成绩非常认可，对我们工作中出现的错误，他发现后从来不发火，而是帮助我们分析问题、解决问题。”

市场部经理王海洋这样评价：“孙总在我工作过程中非常敢于放权，让我能够放开手脚去干，跟着孙总这样的领导，我工作干得顺心、有激情。”

经销商李总说：“孙总作为营销公司的‘头狼’，非常有能力，在他的带领下，整个销售团队非常有凝聚力和冲劲，团队人员干劲十足。虽然有时孙总很严厉，与我们经销商在合作过程中也有争执和矛盾，但是他在工作中对人不对事，总是就问题谈问题，和他合作的感觉就一个字，‘爽’！”

对于取得的成绩和赞誉，孙越这样认为：“在这五年的时间里，我经历了T食品销售团队从小到大的成长过程，我始终认为一个营销团队的好坏，团队的‘头狼’很关键。‘头狼’是团队的核心，是团队建设中承上启下、承前启后、承点启面的中坚力量，是团队的栋梁，对团队的建设起着决定性的作用。一个团队的命运好坏，很多时候维系于领导者一人之身，在T食品销售团队打造的过程中，我始终坚信‘兵熊熊一个，将熊熊一窝’的道理，在团队建设之初，团队的‘头狼’不仅需要不断提升自我能力，还需要做好相关的工作。”

团队的“头狼”需要做好以下几方面的工作：

一、明确目标并有效分解

一个没有目标的团队注定无法长远。作为一个团队的“头狼”，团队负责人给团队设定一个愿景，明确一个目标，是保证团队人员积极性的动因，也是首要任务。作为T食品销售公司的总经理，孙越上任之始，在接受公司的任务指标后，首先做的事情就是根据销售团队的实际情况对任务的指标进行明确，确定整个营销团队销量目标、回款指标、市场发展目标、费用指标以及各级人员待遇等指标，并召集团队中层以上的管理人员专门开会对各项指标进行月度、季度和年度的分解，让团队人员个个头上有指标，人人心中有目标，并最终形成整个销售公司的年度工作规划方案，以此为后期营销工作提供依据，指引团队后期工作的方向。

小提示：一个有共同愿景、共同目标的团队将所向披靡，而那个持有愿景的领导就是英雄！

二、做好有效的沟通

每个团队成员都希望了解领导者对自己及团队整体的业绩期望。否则，彼此之间的沟通就缺乏应有的意义，员工个人乃至团队整体也很难顺利完成既定目标。在日常工作中，要保持团队的精神与凝聚力，沟通是一个重要环节，也是一个最好的手段。比较畅通的沟通渠道，频繁的信息交流，可以使团队的每个成员间不会有压抑的感觉，工作就容易出成效，目标就能顺利实现。成功的领导者往往都是沟通的高手，一方面善于以清晰、简洁的文字形式与团队成员进行书面沟通，必要情况下，还能有计划地通过会议形式的沟通来解决相关问题；另一方面，在沟通中能够积极认真、不带有任何偏见地倾听他人谈话，鼓励员工发表个人见解，并能就团队成员所谈内容做出迅速反应，和团队成员开诚布公地讨论存在的问题，以及这些问题对于每个人的影响。为了保证自己能真正理解对方的观点，他会不时地与团队成员交流个人想法，及时向团队成员反馈他们目前工作的进展状况。

三、做好团队人员的培养和培训工作

团队力量来源于团队中每个成员都拥有实现团队目标的相关工作技能，并能够发挥出 1 +1 >2 效应。新团队的成员最显著的特点是团队成员来自不同的地方，有着不同的工作经历，个人能力大小存在差异，要使团队成员拥有实现团队目标的技能，就需要领导者投入精力，一方面通过一系列的培训让新团队成员掌握专业的营销技能；另一方面在工作中关注员工发展，重视对团队成员的培养。比如对成员的工作及其在工作中取得的成绩予以充分关注；充分理解团队成员的个体差异；在成员出色完成一项任务时，很感激地对他说“谢谢”；关心团队成员身心健康，关注团队成员专业技能的提高；在进行重大决策时广泛征求团队成员的意见，等等。

四、做到知人善任，有效授权，合理干预，正确评估

知人善任、唯才是举、有效授权是提高下属及团队成员业务能力和积极性的有效方式，新团队的建设过程中更要如此。要想取得团队整体效益的大幅度提高，领导者必须在充分了解下属和团队成员各方面能力的前提下委以重任，按照权责对等的原则赋予下属相应的权利，保证下属拥有充分的自由度来发挥能力，做好工作。与此同时，也要做好合理干预，以免下属超越个人职权。领导者还要随时深入到工作实践中去，了解一线的工作实际，对下属的工作进展状况做到胸中有数，对工作中取得的成绩和存在的问题进行正确的评估和考核，做到不因为有成绩就全盘肯定，出现失误就全盘否定，并采取相应措施帮助团队成员改进和提高，如表扬和奖励业绩突出的员工，培训和帮助业绩较差的员工。

五、做好团队的建设工作

一个卓越团队应该是一群有共同目标的人，一群有共同价值观的人，一群有共同利益的人，一群能协同作战的人，一群荣辱与共、同舟共济的人，其成功的决定性因素是凝聚力。增强团队的凝聚力，激发每个人的潜能是每个领导者必须做的事情。维护团队利益、加强团队建设、增强团队的团结意识，发挥团队的整体效能，是一名领导者应具备的基本能力。领导者要做好团队建设工作，需要做好以下三个方面的工作：

第一，公正解决员工之间的矛盾。新团队建设之初团队成员内部必然

会有矛盾产生。当团队成员出现矛盾后，领导者要做的首要事情是先平息矛盾，然后广泛收集各方面信息，基于事实做出最恰当的决定，不偏袒任何一方，做到公平、公正，再积极改善双方关系，化解团队成员之间的矛盾，增进团队成员之间的信任感，增强团队的认同感。

第二，维护团队利益。领导者是团队的核心人物，代表团队成员的整体利益，同时还要对上级管理者负责。因此，领导者既要做团队成员个体利益的维护者，也要平衡好团队整体、部门乃至整个组织利益。当团队利益和个人利益存在分歧，要做好团队利益的维护者；当团队利益和组织利益产生冲突时，领导者要清楚表明没有哪个团队可以凌驾于组织之上。与此同时，领导者要尊重这样的事实，相对于其他团队，人们会更忠诚于自己的团队，因此要担负起责任，做好协调工作，协调平衡好双方利益。

第三，加强团队建设。成功的领导者一定善于团队建设。领导者不但要赏识并嘉奖那些业绩突出的员工，而且要致力于减少并消除有损于团队整体实力的恶性竞争。领导者要经常性地帮助员工消除对立情绪，通过团队的文化建设、凝聚力的提升、意识的打造等方式，增强团队成员之间的互信、提高团队成员间的合作意识。

六、提升自身的领导能力

成功的领导者不仅只依靠其管理权力让团队成员产生信任、依赖和服从，更多的是靠其个人所具备的领导能力影响团队成员，靠其人格魅力征服团队成员。新团队的领导者可以通过以下几个方面提升自身的领导能力：

第一，保持自信和强大的内心。领导者是整个团队的舵手，掌握着团队发展的大方向，首先，自身应当具备自信，带着自信和希望为团队勾勒蓝图，引领团队一往无前；其次，要有强大的内心，能承受旁人无法承受的压力和委屈，去忍受那些自己无法改变的事情，有毅力去改变自己可以改变的事情，有能力去发现身边若隐若现的机会，有智慧去辨别和抓住稍纵即逝的机会，有勇气去承认和面对自己做错的事情，有胆量接受下属尖锐的批评意见，并且能够变成自我完善的动力，不断提升自己的综合素质。

第二，拥有正直诚实的品质。在工作中，一个人的正直品质越来越重要。在与人交往过程中，成功的领导者通过以下行为来证明和展示自己正直诚实的品质：建立彼此信任的关系；诚实；对团队成员公平对待，不偏不倚；言必行，行必果；团队利益高于一切；勇于承认错误，并善于接纳建议性的意见和建议。

第三，敢于创新并勇于实践。成功的团队领导者重视并能营造出一种开放而又充满信任的工作气氛，拥有能突破常规、改变惯性的思维方式，激发团队成员大胆创新，不断进取，总是鼓励那些不怕失败、敢于实践，并善于从实践中吸取经验教训的员工。

第四，果断的决策力。团队领导者不仅需要及时有效地制订决策，还应能对决策依据做出清楚的说明。优秀的领导者完全依据事实和事情的轻重缓急来做决定，而不是为了取悦于大家。在决策过程中，他们能够准确把握什么情况下需要征得大家一致同意。

七、掌握良好的技术能力

一个优秀的领导者不仅仅只是管理者，同时还应成为团队的教练，在必要时给予团队成员相应的指导，尤其在新团队建设初始，团队成员技术能力的提升很多时候来自于团队领导者的指导。虽然领导者掌握和具备良好的技术能力，但这并不意味着他们必须在工作中比普通员工做得更出色，而是意味着他们更准确地知道工作中需要掌握好哪些要领，提出哪些要求，做出哪些有价值的决策。

八、学习、学习再学习

一个高效成功的团队必然是一个善于学习的团队。社会的发展、商业环境的变化、竞争对手的变革，需要团队“在战争中学习战争”，让团队自身变得更强大。领导者作为团队的“领头羊”，要不断去学习新的东西，适应新的商业环境。成功的领导者都是勤奋好学者，具体来说，他们有以下表现：善于变革；热心帮助团队成员解决问题；多角度思考问题；从失败与错误中积累经验；帮助员工提高业务技能的同时，还不断提高自身素质与能力。

第三章

营销团队管理——实践篇

第一节　对销售业绩差的营销人员该如何做

欧阳新宇是K企业的营销负责人，在K企业从事销售工作已经5年。在这5年的时间里，欧阳新宇历经了业务代表、业务主管、区域经理到营销总监的职位变迁，用不到三年的时间完成了由基层业务到营销高管的嬗变。作为一名优秀的营销职业经理人，欧阳新宇不仅有着扎实的业务基本功，而且在团队管理上也有着自己的独门绝技。

在上任营销总监短短的两年时间里，欧阳新宇从抓基层业务工作入手，强化落实企业销售目标的达成，不停地在困难中寻找问题的解决办法，由点到面实现各个击破，不仅在销售业绩上连续突破，也带出了一支能征善战的营销队伍，为其个人职业生涯赢得了良好的赞誉。对于这一系列成绩的取得，欧阳新宇自己这样总结："一个营销团队或者营销管理者取得成功，团队的作用是不可或缺的。实现团队销售业绩的提升和突破是营销工作的基础，而只有团队中每个人都能实现销售业绩的突破，整个营销团队才有突破的可能。在一个营销团队中，没有成功的个人，只有成功的团队。因此，作为一个销售团队的领导者，不能只把希望寄托在销售业绩好的业务人员身上，还要去关注那些销售业绩达成差的业务人员，只有弥补了营销团队中销售业绩达成差的这个短板，整个团队才会实现突破。"

那么，对于销售业绩差的销售人员，欧阳新宇采取了哪些化腐朽为神奇的方法，让销售业绩差的销售人员实现突破?

欧阳新宇主要从以下几方面提升销售业绩差的销售人员能力：

一、当面述职，了解工作态度

每当月末，对于销售业绩达成不好的业务人员，欧阳新宇都会按照企业内部的文本格式要求他们当面进行工作述职，从市场环境、竞品情况、经销商方面、团队情况、销售方式等方面分析销售业绩未实现的原因。之所以采取当面述职的方式，欧阳新宇是这样分析的：一个区域或者一个业务人员的销售业绩达成差的原因有很多，营销负责人不能简单地按照考核要求对其进行考核，或者采取降级、责骂、辞退等粗暴的方式进行解决。这样做不仅于事无补，而且会造成团队内部的恐慌，降低团队人员的信心和凝聚力。

采取当面述职并提交汇报材料的方式不失为一种好的方法。首先，采取此办法可以给营销人员带来无形的压力；其次，采取这种方式，管理者可以更好地观察当事人的工作态度和想法。只有当事人有了积极向上工作的态度，才会有积极认真的准备和对后期工作改进的办法，这就是我们常说的“态度决定一切，信心比黄金重要”。那些没有态度，也没有信心的销售人员，改变的可能性往往很小，最好的办法就是劝退，他们留在团队可能会影响其他团队人员的积极性。

小提示：态度决定一切，信心比黄金重要，积极的心态是解决问题的关键。

二、了解市场，洞察市场行情和机会

在确定当事业务人员的工作态度和积极性没有问题后，营销管理者再给予必要的理解和鼓励，然后一起做市场分析。具体要做好两个方面的工作：一是根据汇报的材料，会同营销人员对市场行情进行全面分析，了解市场的实际情况，包括目前市场的容量、终端渠道情况、经销商的配合问题、竞品的营销动态（如价格、促销、品项）、营销团队的发展情况等；二是帮助营销人员根据市场的实际情况，洞察市场中存在的机会，寻找市场问题解决的办法和突破口。

小提示：团队负责人不仅要做好管理者，也要当好教练。

三、数据分析，查找工作问题

首先，通过销售数据的前后对比，找出市场操作过程中成功与失败的原因；其次，在产品组合和产品调整方面寻找突破的机会。数据分析的内容主要包括：产品结构占比情况、销量占比情况、销售额的形成情况、单品的销售趋势等。通过对这些数据的分析，可以找出营销产品与市场存在的关联性机会。

> 小提示：数据的分析过程有时也是一次市场问题的反思和演练。

四、协定方案，给予方法、思路和支持

在协助当事业务人员完成相关数据和市场情况分析后，欧阳新宇认为，“这只是对业务人员工作指导过程中的第一步”。营销管理者还需要做的一件事情就是协助当事的业务人员进行后期工作方案的制订。这一方面可以帮助业务人员提升工作能力；另一方面可以对业务人员原有方案的问题进行修正，把自己或企业的思路、想法和要求更清楚地灌输给业务人员，让业务人员明白为何这样干、该如何干。在协定方案的同时，可以根据市场情况给予业务人员必要的市场政策或费用支持，更好地帮助业务人员达成区域销售指标，提升业务人员的信心和士气。

> 小提示：扶上马送一程，给予必要的支持可以提升士气和信心。

五、督办执行，强化执行力和工作作风

给予好的思路、可行的工作方案及必要的市场支持后，并不意味着领

导者就可以对销售业绩差的业务人员的后期工作听之任之。与此相反，领导者更需要对销售业绩差的业务人员给予相应的监察和督促。领导者可以从以下几个方面来入手：

第一，跟踪该业务市场工作的进展情况，防止方向跑偏，尤其在销售政策和费用的使用上，要防止单纯依靠费用来完成销售指标的做法。

第二，强化该业务的工作执行力，要求其在工作中按照既定的思路稳步推进工作。

第三，对该业务和市场产生的新问题要给予及时的关注和有效的解决，必要时要亲临一线，督导业务人员开展相关的工作。

小提示：没有监督的权力会产生腐败，没有监督的工作会滋生懒惰。

第二节　营销人员离职该怎么办

李想是C食品有限责任公司一名优秀的高级管理人员，在营销总监的岗位上已经度过三个年头。在这三年里，李想带领着企业的营销团队一路“攻城略地”“开疆拓土”，不仅为企业赢得市场，同时也保持了营销团队的稳定，在三年的时间里营销团队人员的流失率仅为个位数，远远低于同行业其他企业。

李想所取得的销售业绩受到了企业上下相关领导的肯定，其在人员的稳定性方面所取得的成绩更是让企业的总经理王总感到满意，用他的话来讲，“李想给我们企业打下一片天地，也给我们企业培养了一支优秀的营销团队，在市场竞争激烈的当下，这支队伍将是我们企业未来发展的根本和中坚力量”。

企业行政总监兼人力资源部部长张某这样评价李想：“李想带领的营销团队有着很强的战斗力，之所以能够如此，是因为李想出色地解决了困扰很多企业的营销人员流失率居高不下的问题。”

营销团队的成员张凯是这样说的："李总监不仅有着很强的工作能力，在维护团队的稳定性方面也很有一套。如果不是李总监在我想离职时给予的帮助，可能我早就从这个企业离开了……"

已经离职转到其他企业的员工罗海则这样评价李想，"李总是一个很有人情味的领导，我因为个人家庭的原因选择了离职。在离职后，李总还是经常和我联系，在工作和生活上嘘寒问暖，并给了我很多工作上的建议，现在我虽然不在C食品有限责任公司就职，但是我与李总之间的关系却一直非常好。"

李想自己认为："俗话说'铁打的营盘流水的兵'，营销工作由于其性质的特殊性，营销人员的离职率远远高于其他行业人员，而一个营销人员的离职带给企业的不仅是工作的中断和客户的流失，还会影响其他营销团队人员的稳定性。一个优秀的营销人员离职带来的危害性则更大，不仅会产生上述两个问题，更可能会成为企业潜在的强大竞争者。一名营销管理者带领团队不仅要打胜仗，还要稳定'军心'，只有人心稳定了，队伍稳定了，营销工作的开展才能有序进行。因此，对于营销人员的离职，营销管理者要给予足够的重视。"那么，李想如何应对营销人员离职的情况？

针对员工离职，李想主要采取以下措施：

一、私下沟通，了解员工的真实想法

每当接到员工的辞职申请，李想总会在第一时间调阅该员工的档案和相关人事资料，在对该员工的工作情况和考评情况进行一番详细了解后，再单独预约欲辞职员工进行一对一的私下沟通。在沟通的过程中，李想和员工主要沟通以下内容：

（1）对员工过去的工作进行评价。在对员工工作进行评价时，李想首先对员工过去的工作给予中肯的评价，并针对工作上存在的问题给予善意的建议。

（2）对员工辞职的原因进行了解。在沟通时，李想会将员工辞职的真实想法作为重点话题进行了解。在了解员工辞职的真实原因后，如果是企业可以通过改进来解决的，李想在表示理解的同时会明确给予员工承诺解决问题的时间表，而对于企业无法解决的问题，李想则会直言不讳地予以说明，让员工从心理上能够理解。

> 小提示：有时出现一些小问题导致员工离职，解决好这些小问题，对整个团队人员都会有益处，也会因此而挽留一部分员工。

（3）对员工未来的职业生涯进行规划。对于能够挽留的员工，李想会根据员工过去工作的情况，结合员工工作时的业绩和专长，给予员工后期职业生涯的一个规划，给员工描绘在企业继续发展的前景，尽可能加以挽留。对于实在不能挽留的员工，李想在表示遗憾时，会真诚地给予一些个人建议，帮助员工认识自己的不足与所长。

> 小提示：员工的离职很多时候在于看不到希望和前途，给员工一个职业生涯的规划，就是给员工一个希望。

二、真心欢送，给员工一份真情

1. 审批签字感性化

对于离职的员工，李想不是简单地签“同意”两字就完事，在使用钉钉审批签批环节中，李想会留言：“感谢您在C食品有限责任公司所付出的努力，希望您在新的工作岗位上再创辉煌”。用李想的话来讲，“每一位员工在企业工作期间都或多或少为企业发展做出了一定的贡献，员工的离职对企业是一份损失，给予离职员工一个肯定和一个美好的愿望，在一定程度上会让员工感到企业的人情味，也会给员工留下一份美好的记忆，这样也可能给企业减少一个不良的竞争对手”。

2. 办理离职手续给予协助

在员工离职办理手续时，李想总会积极帮助离职员工做好工作交接事宜，如安排行政人员给予交接工作方面的协调，及时安排工作交接对象，亲自协助解决问题，等等。

3. 开欢送会，吃散伙饭

李想会专门在团队内部召开一个欢送会，欢送老员工离职，在会上李想会把员工离职的原因大致给团队成员讲一下，并对老员工在企业工作所做的努力表示肯定。在条件允许的情况下，李想会安排团队成员和离职员工一起聚餐，在条件不允许的时候，李想会单独和离职员工一起吃饭，聊家常，作为送别的一种仪式。

三、经常联系，维护日常的关系

对于离职以后的员工，李想不是抱着“人走茶凉”的心态对待，而是抱着在日后做朋友的态度进行交往，李想在日常会时不时和这些人员进行交流，每当逢年过节时发一些微信给予祝福，有时也会相邀小聚，保持良好的合作关系。

小提示：善待离职的员工，才能做到日后好相见，也能给团队所有人员带来温暖。

第三节　团队中营销人员缺乏积极性该如何做

最近K企业新上任的营销总监李鹏飞有点烦。K企业现阶段的发展顺风顺水，但李鹏飞明显感觉到团队人员缺乏积极性，和企业的发展势头格格不入。面对激烈的市场竞争，一旦这种势头蔓延下去，会给企业后期的营销工作带来不小的麻烦，甚至是致命的危险。其中，表现最明显的就是王明这一类的人员。

王明是一名业务经理，由于能力出众加上吃苦耐劳，在企业发展的初始阶段，经常带领团队走南闯北进行市场开拓，为企业打下了大片“江山”。在企业进入稳定的发展时期后，王明又担负起为公司“戍守边疆”的任务。与很多业务经理不同的是，王明工作积极，每月都能超额完成公司下达的销售任务。由于王明的杰出表现，他在公司内部深受企业老总和营销总监的看重和喜爱。然而，随着时间的推移，如今的王明对于市场营销工作早已没了过去的那种热情和斗志，每月的销售任务完成情况保持在80%～90%左右，居于中上游水平，工作的开展只是为了做而去做，谈不上任何的积极性和主动性。

作为新上任的营销总监，李鹏飞心里非常清楚，士气可鼓不可泄，企业要想取得更好的业绩，发挥每个团队成员的积极性是关键。而做到这一点，首先要解决类似王明这样的人员的状态问题。这个问题解决了，将会有很强的示范效应，调动起更多业务人员的积极性。为此，李鹏飞专门上门向自己的好哥们儿——目前就职于一家营销管理咨询公司的刘明海进行请教。

在听完李鹏飞的讲述后，刘明海欣然同意帮自己的好哥们儿这个忙。但是，刘明海认为：“各个企业的情况不同，问题产生的原因有所不同，解决问题的方法也就不同。要想解决这个问题，我自己要亲自到K企业的销售队伍中去，通过和业务人员、各级管理人员全面沟通，才能提出有效的问题解决方案”。

在近一个月和K企业相关人员的接触中，随着对一线人员的熟悉，刘明海对K企业目前的状况有了一定的了解。经过认真的思考，以及和李鹏飞进行探讨，刘明海总算摸清了销售人员积极性不高的原因，并给出了自己的解决思路和办法。

一、营销人员缺乏积极性的原因

刘明海认为，大多数人刚开始进入一个企业，都会有很高的工作积极性，但会因为公司体制和管理上的一些问题而慢慢失去积极性，最终沦为出工不出力的人员。就K企业而言，其营销人员的薪酬待遇在整个行业内还是很有竞争力的，因此，现阶段K企业营销人员缺乏积极性的主要原因不是待遇，而在于以下几个方面，如表3-1所示。

表 3-1 员工缺乏积极性的原因

企业体制方面的原因	只知用人、不培养人
	只给任务不给奖惩
	能者多劳、鞭打快牛
	缺乏认同、漠不关心
销售人员自身的原因	骄傲自满、目空一切
	无进取心和使命感
营销管理者的原因	只给任务不给帮助和支持
	只知管理不知沟通
	官僚作风

1. 企业体制方面的原因

这主要表现在四个方面：

第一，企业缺乏对人员的培训意识，只知道用人，不知道培养人，没有对销售人员的业务技能和知识结构进行必要的培训和更新，造成人员知识的老化和技能的下降，无法适应企业的发展。比如，王明在企业已经干了好几年，但企业对其没有提供任何培训，更没有外出学习的机会，只是偶尔回企业述个职、参加个年会，其余时间就是工作，工作，再工作。

第二，营销管理者只知道“数豆子”，向销售人员要“租子”，缺乏必要和有效的奖励和惩罚措施，绩效考核对人员的收益影响不大，如王明所讲的：“虽然下达销售指标，但最终的结果是你完成得再好也没有什么奖励，而那些完成得不好的区域公司也没有咋样，依然该干什么就干什么，没有大的影响，干得不好，没准任务还会减一减……”

第三，鞭打快牛，能者多劳。对于销售业绩完成好的业务人员，不考虑市场实际，销售指标层层加码。K 企业的销售人员都有一个共识：表现越出色，任务越无法完成。要是这个月任务完成得好，下个月一定会加任务。

第四，缺乏认同，漠不关心。公司营销管理者认为营销人员完成销售业绩是应该的，没完成指标或指标完成得不好，就简单认为是工作不努力，而不考虑市场变化因素。另外，对任务指标完成得好的销售人员也没有什么奖励，认为是天经地义的事，而对完成得不好的营销人员则只是单纯用考核来惩罚，不对销量未达成的原因进行分析，也不给予业务人员必要的帮助。如王明所反映的："以前，企业刚开始起步，我们这些业务人员进行市场开拓时，公司的老总和营销总监会每隔一段时间和我们联系，了解市场的进展情况，并询问一线人员是不是需要什么支持，在遇到难啃的市场时，公司的领导往往会亲自协助业务人员制订市场开发计划，并给予很多的物质支持，要是做出了成绩，还会给予奖励和表扬。因此，那个时候干得很有劲。而如今，随着企业的发展越来越好，这种事情再也没有了，公司每个月只知道给你下销售任务，让你签《销售责任书》，至于你如何去做，没有人问你。"

2. 销售人员自身的原因

第一，骄傲自大、目空一切。优秀的业务人员往往因为销售业绩出众而成为企业领导者眼中的宠儿，被企业管理者重视，同时也会在一定程度上纵容他们，从而导致此类销售人员在心理上产生优越感，进而生出骄傲自大的心理，高估自己的能力，认为自己能力很强，认为企业离不开自己，从而在工作中日益懈怠，失去工作积极性。

第二，进取心缺失。很多企业的销售人员都有这种现象：在市场开拓的前期总是能够"冲杀"在第一线，工作非常努力，积极肯干。但是，一旦成功"拿下"市场，就"马放南山"，不再将心思用在本职工作上，而是躺在功劳簿上吃老本，沾沾自喜于自己所取得的微不足道的成绩，没有再追求发展的动力。

3. 营销管理者的问题

第一，只下任务，不做指导。这主要表现为管理者只会给营销人员下达销售任务，提出各种各样的要求，却很少了解业务人员工作的压力和感受，不给一线业务人员任何销售工作指导和关心，销售任务完成得好坏全靠营销人员独立支撑，致使一线营销人员常常有一种孤立无援之感。

第二，忽视主动沟通。这主要表现为管理者对下属人员的关心只局限于工作上，对下属的思想、情感等方面不关心、不过问，因此他们不知道下属的所思所想，而且他们常常只是等着下属汇报，忽视和下属主动沟通。

第三，缺乏对下属的认同。这体现在管理者没有正确看待下属的工作情况，下属完成任务认为是理所当然，完不成任务则不应该，不去了解下属所做的努力，对下属的工作成绩没有认同。久而久之，下属就不愿意为其效劳，失去了工作的积极性。

第四，官僚作风作怪。很多时候，企业管理者总是高高在上，不下市场，不了解市场动态，对下属提出的意见和建议不予以采纳，认为自己总是对的。另外，对下属不能完成任务的原因不去进行分析，把原因都归结到下属身上，而不去考虑自己管理上的失误或者客观环境的影响，由此导致下属失去工作积极性，机械地执行上级命令，你咋说我咋干，对错和自己没有关系。

二、解决营销人员缺乏积极性的应对之策

通过对营销人员工作积极性缺失原因的分析，刘明海结合 K 企业的现实情况，给李鹏飞提出了以下解决方案：

1. 按照营销人员性格特点进行分类，不同人员给予不同的工作平台

正如《西游记》中的师徒四人，每个营销人员因自身的生活环境、个人阅历、职业生涯不同，对职业工作的期待和要求也有所不同。如孙悟空类型的营销人员，有个性，有想法，有能力，既敬业又重感情，他是天生的不安分者，可以安排其不停地开发市场，或不断给予更有挑战性的工作，这要比让他单纯待在一个市场更能激发他的积极性；对于猪八戒这种类型的营销人员，他们随遇而安、知足常乐，让他们坚守一个市场或带新人更能激发他们的激情；对于沙僧这类能力不强但任劳任怨、踏实肯干的营销人员，让他们做一些基础性工作或市场检查等执行性较强的工作，可能会让他们更有工作的热情；对于唐僧这类善于领导团队的营销人员，他们目标明确，决心坚定，善于以权治人，给予一定的职务，让其带领一个小的团队，能激励其信心，提升其战斗力。

2. 建立营销人员能上能下的竞争机制，实施内部设定比例的淘汰办法

没有竞争的团队犹如一潭死水，整个团队失去的不仅是活力，而且团

队成员也会失去向上发展的动力和面对困难的斗志。

“搅活一潭死水”最好的办法就是竞争，也就是我们常说的“鲶鱼效应”。因此，为了保证和提升团队成员的积极性，非常有必要建立内部竞争机制。具体方法是：根据每季度考核排名情况，对排名靠前的人员进行职级升级或薪资奖励，对排名后几位的人员进行降级、降薪，对于连续半年度排名末位的人员予以淘汰处理，整体淘汰率控制在10%以内。

小提示：生于忧患死于安乐，没有竞争就没有压力！

3. 建立营销人员内部学习、培训制度

内部学习和培训对于员工工作能力的提升作用不言而喻。如果一个企业建立起了选拔优秀员工参与内部学习和培训的制度，在晋升方面重点偏向于此类员工，无疑对调动员工的积极性有着很好的促进作用。对员工而言，参与内部培训和学习意味着未来发展的希望。很多企业每年都会选派一些优秀员工到外地学习，或参加各种展会，或到先进企业参观，在人员提拔上也优先考虑此类员工。

小提示：未来营销团队的竞争不仅是工作能力、执行力和凝聚力的竞争，更是学习能力的竞争。

4. 下达销售指标时，市场资源投入量要与销售指标配套，并给予指导方案

要想马儿跑得快，就必须给马儿喂好料。充分调动业务人员的积极性，不仅是压任务、口头表扬，还需要做好以下几个方面：首先，要在下达高销售指标任务的同时，给予更多的市场投入支持，让销售人员看到实现的可能性和希望所在，激发营销人员的潜力；其次，给予销售人员工作上的指导和帮助，告诉其工作方法，让其知道如何做，使其能够在行动上不松懈；最后，让其明白考核指标达成后会得到的奖励，未达成会受到的处罚，使其有足够的动力和压力完成指标。

5. 常下基层，把对员工的关怀当作常态进行

关怀凝聚力量，激励行动。基层营销人员的工作往往重复而单调，不是开发客户、市场走访，就是进行产品陈列，时间一长难免会引发人的惰性，心理上产生疲劳和松懈，尤其是那些常年出差在外的营销人员，他们远离亲人和朋友，在外孤军奋战，在工作中会遇到各种困难，其心理上的疲劳可能会更多。对此，管理者需要做的就是常下基层给员工必要的关怀，如陪同营销人员做一次客户回访，做一次终端线路拜访，和一线营销人员谈工作、聊家常，请他们喝酒、吃饭，类似这样的举动可能微不足道，但长此以往，一定会对营销人员产生潜移默化的激励作用。另外，在营销人员遇到困难时，亲自协助他们制订市场开发计划，在进行精神支持的同时给予市场资源支持，同样也会让营销人员信心倍增。

6. 建立销售部内部各级人员沟通的常态机制

沟通产生信任。营销人员积极性的缺失很多时候是因为和上级及整个团队缺乏沟通，上情无法下达，下情不能上传，因而双方之间不信任。下级对上级工作安排不理解或不知情，上级对下级的工作不了解，结果导致营销人员在工作中懈怠，得过且过。为有效解决此类问题，销售部内部可以通过建立定期的团队建设活动，如每月定期开展团队内部的文化体育活动，让一线和二线人员共同参与，加深彼此的了解，或在销售部内部时常开展员工聚餐活动，让大家在一个轻松的环境中畅所欲言。长此以往，让营销人员体会到在团队中的快乐，对团队有归属感，无形中提高了营销人员工作的积极性。

小提示：“革命”不是请客吃饭，但是必要的请客吃饭会让彼此的沟通更有效，让彼此产生信任感。

7. 奖要奖得心花怒放，罚要罚得胆战心惊

不患寡而患不均，有奖有罚才能体现公平。营销团队人员缺乏积极性的一个主要原因在于不公平。比如任务完成得好不好待遇都一样，销售指标高和指标低的人员收入一样，工作勤奋人员和懒散人员待遇一样，等等。

因此，企业管理者要调动营销团队人员积极性，还需要做好这些事情：

第一，建立公平的考核指标，根据指标高低确定收入和待遇，如确定完成多少指标工资收入就是多少、享受什么待遇的明确性指标，并在全员内部予以公示。

第二，要打破大锅饭和鞭打快牛的管理方式，让能者多劳也能多得，根据企业发展实际确定年度销售考核指标或销量指标，中途在无特殊情况下不调整指标，按照目标完成情况进行奖罚。

第三，坚持按照考核要求进行人员考核，做到指标面前人人一样。

小提示：精神激励重要，但是，物质激励更重要！

第四节　如何树立团队中营销人员的信心

常言道“天道酬勤”“功夫不负有心人”，临危受命上任营销公司总经理已经一年有余，张鹏飞对这句话有着深刻的理解。从走马上任营销公司总经理开始，张鹏飞便体会到什么是士气低迷，什么叫人心涣散。上任后的张鹏飞所面对的营销公司状况是整个营销团队已经连续3个月未完成销售任务，业务人员平均仅拿到标准工资的60%，部分业务人员的工资收入甚至低于行业人员的平均工资。由此带来的后果是业务人员的大量流失，销售工作由于缺乏人员而无法推动，整个团队内部充斥着一股悲观的情绪，销售人员牢骚和怪话不断，销售骨干更是无精打采，工作没有方向，出工不出力，只是机械地执行公司的一些安排，甚至部分人员在工作之余已经在悄悄地找工作寻求出路……

究竟该如何办？自古华山一条路，张鹏飞深知只有冲出去才能有出路。为此，张鹏飞开始探索营销公司团队提振信心之路……经过近一年的努力，如今的营销团队不仅兵强马壮，人员队伍稳定，更为可喜的是整个团队士气高昂，信心满满，月度营销指标也在团队成员努力下芝麻开花节节高。张鹏飞感到由衷地高兴，毕竟付出终于得到回报。

信心比黄金重要！从当初的士气低迷、人心涣散、信心全无到如今的士气高昂、人员稳定，张鹏飞究竟采取了什么办法，化腐朽为神奇，让团队人员的信心和士气大涨呢？

总结起来，张鹏飞主要采取以下几种方式提振团队士气：

一、鼓舞士气，树立团队信心

面对营销公司人员的工作现状和不尽如人意的销售业绩，张鹏飞在营销公司专门召开了一次全体员工的会议。在会议上，张鹏飞对营销公司过去工作的好坏没有进行任何评价，而是肯定了营销公司全体人员在过去工作中所做的努力，对大家在目前这种情况下还能够留在营销公司工作表示感谢，同时提出了“改变从现在开始”的口号，并信心十足地告诉营销公司全体成员，一定会带领大家走出困境，希望大家树立战胜困难的信心，一道迎接挑战。

小提示：士气可鼓不可泄，提升团队信心，鼓励比批评更加重要！

二、根据实际情况确定、调整销售目标

根据市场的现状和营销公司人员目前的心态，张鹏飞在对市场情况进行详细调研的基础上向总公司递交了×市市场调研和后期市场运作思路的报告。在报告中，张鹏飞对市场实际情况进行了详细的分析，同时对目前营销公司团队缺乏积极性的现状进行了分析，认为维持现阶段营销公司团队人员稳定是核心任务。为此，张鹏飞提出了在年度总任务不变的情况下，暂时对第二季度任务进行下调，依靠三、四季度逐步提升销售任务以追量的计划，其目的在于利用三个月的时间对团队人员积极性进行有效调动，提升人员信心，稳定销售队伍，找出营销中遇到的问题，稳步推进营

销工作。

小提示：一场胜利比千言万语更能激发团队人员的信心。

三、集思广益，查找问题，找准工作的方向

在报告获批、目标明确后，张鹏飞专门召集营销公司团队骨干人员召开第二季度销售工作会议。在会议上，张鹏飞对第二季度销售目标进行重新明确，并对任务下调的原因进行了相关的说明，就第二季度销售工作如何开展要求参会的骨干人员进行讨论。在会议上，张鹏飞充分发扬民主，鼓励参会人员集思广益，大胆发表自己的意见。一方面，对前一阶段工作中存在的问题进行分析；另一方面，对如何完成第二季度工作目标制订具体的方案和措施。经过充分讨论，参会人员对后期的工作方向进行了明确，提出了先分销渠道后卖场，分销渠道为主、卖场为辅，互相推动的市场发展思路，并制订了详细的行动方案。

小提示：集思广益、发扬民主不仅可以有效提升团队的信心，也有助于增强团队人员积极性。

四、规范工作流程，细化工作考核

张鹏飞心里清楚，要实现既定目标，团队人员的执行力是关键。为此，张鹏飞在营销公司内部开始推行规范工作流程，提高执行力的工作。他根据企业的实际情况，制订了《业务人员终端拜访工作流程》《卖场渠道巡店工作流程》《业务人员终端生动化陈列标准》《管理人员协同拜访工作标准》及《营销人员行为规范》等一系列管理制度，涵盖了整个业务工作流程。与此同时，为了让这些市场动作能够落地，他设置了督导部门并配套制订了相应的检查和考核办法，比如《营销人员薪酬考核办法》，从

制度和考核上规范人员工作行为，提升团队人员积极性。

小提示：建立制度、设立标准、有奖有罚，才能让人员明白该干什么，不该干什么，更好地提升人员工作的主动性。

五、有效授权，分级管理，督查核实

为了提高整个团队人员工作的积极性，张鹏飞在团队内部的管理上采取以下措施：第一，对相关权力进行下放，主要是将市场促销政策和活动的审批权下放至各个区域市场，在保证整体原则不变的情况下，以区域市场申请为准；第二，按照责权利对等的原则，实施分级管理的制度，即规定了“营销公司—区域市场—区域主管——线业务人员”四级管理体系，在考核指标确定的前提下，各级人员各自按照企业管理的要求和工作实际，对各自工作范畴的人和物进行管理，比如人员的考核权、物料的使用权和人员的调整权，等等；第三，有效授权，根据分级管理的原则确定了在市场运作过程中，各个层级人员应对实际问题时对应的授权额度和授权次数，如每月相关费用使用权的额度及次数。

为了保证授权和管理制度的有效落实，对于权力的使用，张鹏飞制订了财务和督导部联合检核的管理制度，以此保证市场运作有活力的同时防止权力的滥用和无效使用。

小提示：有效的授权能够更好地提升团队成员的积极性，事必躬亲、大权独揽是对团队成员智慧的扼杀。

六、建立内部竞争机制，实施优胜劣汰

人天生具有惰性，为进一步促进团队成员的积极性，张鹏飞还在团队内部广泛开展各种营销竞赛活动，比如月度销售竞赛、回款竞赛、陈列比

赛等，并通过对优秀者进行奖励，对落后者进行惩处，甚至淘汰的措施，激励员工向优秀者学习。通过此举，不仅在整个团队中营造出积极向上的“比”“学”“赶”“帮”“超”的良好风气，也极大地调动了整个营销团队人员的工作激情，很好地推动了整个团队向前发展。

小提示：内部竞争机制的建立，奖要奖得心动，罚要罚得心痛，这样才能更好地激励后进者，树立团队的信心。

七、以身作则，言传身教，主动沟通，真诚待人

俗话说：“正人先正己，做事先做人”。张鹏飞深知，在营销公司这种状况下，要想取得成功，带领团队走出困境，仅仅依靠制度的建立是不够的，还需要从自身开始，做好一系列工作，带领全体人员一块向前走。为此，在规章制度的遵守上，张鹏飞总是以身作则，率先垂范，在要求全体人员做好之前，自己先行一步做出表率。在实际工作当中，他不只是发号施令，而是在力所能及的情况下，自身也参与到团队成员开展的一系列工作中，甚至会手把手亲自做示范，纠正员工工作中的错误。在和员工日常沟通中，他通过私下沟通或参加晨会等方式，积极主动与员工进行沟通，及时了解团队员工工作的进展情况，对于员工遇到的问题会及时给予必要的帮助，并提供好的建议与思路。通过采取这些措施，张鹏飞不但对整个团队的工作情况了如指掌，同时也树立了良好的形象和威信。很多员工由衷赞道：“张总真的能力很强，不仅能运筹帷幄，更能率先垂范，跟着这样的领导一定有希望。”

小提示：团队领导不仅要自己会做，更应该指导团队成员做。

八、推功揽过，及时兑现考核承诺

“员工之所以愿意在企业干，无非就是图收入和发展”，张鹏飞这样认

为。因此，在涉及营销公司团队人员的工资、奖励、提成、职位晋升、保险、福利、培训等关系到员工切身利益的事宜时，张鹏飞一贯坚持承诺，说到做到，及时兑现各项承诺。当团队员工在工作中出现一些小的问题时，张鹏飞从不埋怨，而是主动承担责任，在事后再与员工分析问题出现的原因，避免同样的问题再次发生。当员工取得成绩时，张鹏飞在和团队成员分享成绩时，总会说这样一句话："成绩的取得是团队成员共同努力的结果，我只是一个敲边鼓的"，把自己轻描淡写一笔带过。

小提示：推功揽过，兑现承诺，不与团队成员争权、争利、争功，团队成员才会充满激情，卖力工作。

第五节　中途接管营销团队该如何做？

原在Q食品有限责任公司西南分公司任城市经理的周海被调任到西北分公司，接替因种种原因离职的西北分公司总经理李总的职位。在刚接到公司的调令和任命书时，周海有点小激动，有种总算熬出头的感觉，然而兴奋劲儿过去后，周海又陷入深深的思考之中。周海清楚地知道，有两大问题是自己到任后必须直接面对的，一是自己即将面对一个新的市场，而新市场的情况如何，他自己心里一点底都没有；二是作为一个由其他分公司调任的外来管理者，该如何管理团队，让自己融入团队，让团队成员能够配合自己工作。

第一个问题是单纯的市场问题，周海凭借五年的工作实践经验，自信可以轻松应对，有效解决。第二个问题则不太好解决，对西北分公司的销售团队成员而言，他只不过是一个"外来的和尚"，相互间缺乏理解，更缺乏信任。如何开好局，尽快融入团队，他感觉欠缺这方面的经验。为此，周海在上任前专门去拜访了自己的老领导——西南分公司王总，向他取经。

王总首先对周海的升迁表示祝贺，毕竟自己的部下能够走向一个更高的职位，作为老领导还是很有成就感的。对于周海在接管团队问题上的困惑，王总也是知无不言，言无不尽。

王总认为，中途接管一支早已成立的团队，对任何一名营销管理者而言都是很大的考验和挑战。相比于组建一个新团队的管理者，中途接管团队的管理者没有足够的时间伴随团队一起成长，也缺乏足够的时间去逐步了解每个成员，因而很难与成员之间建立信任，更不利于建立个人威信。对于周海如何能够中途接管好西北分公司的营销团队，如何能够立即进入状态，开展好相关工作，王总结合自己的实践经验，给出了几个方面的建议。

王总提出以下建议：

一、到任之初先召开会议，会议上只听不表态，工作前期只看不做

一般情况下，面对周海这个“外来的和尚”，原来的团队成员或多或少都会呈现出一些不满和意见。作为新的领导者，周海需要做以下事情：

第一，召开会议。召开会议是一种最好的上任仪式，目的是明确身份，初步认识团队的成员，对近期的工作进行大致的了解。王总建议周海在会上只听不表态，了解一些基本情况就可以了。

第二，按部就班开展工作。上任伊始，周海对团队的实际情况不了解，需要做的工作就是以一个旁观者的角度来看待西北分公司这个团队的现状，了解这个团队目前目标实现的进度和团队成员表现，为以后工作的开展做准备。在这个阶段，团队中有一部分人会主动接近周海，会在一定程度上给予相关的工作建议，或介绍一些团队人员的基本情况。这些建议和介绍可能很有价值，但周海还是要根据自己的了解，得出自己的基本判断。

小提示：管理者需要记住观察团队最好的机会只有在你接手后才会出现。

二、适当时机安排和原团队成员进行一对一的谈话

一对一的沟通工作方式可以让管理者快速掌握和了解团队成员的现状。王总建议周海上任后在适当的时候与每位成员进行一对一面谈，谈话的内容包括：个人的任务及整体计划；对自己表现的看法；对工作的看法，等等。从回答中，让周海对每位团队成员的个性、做事动机和能力有一个初步的了解。

小提示：和团队成员进行一对一谈话，要避免谈话成员评论同事，你需要的是形成自己的看法。

三、找原团队中的中坚力量并纳入自己的周围

俗话说“一个好汉三个帮”，外来领导者要接管一支老团队，必须得到原团队成员的支持和帮助。但是，也不要奢望原团队的每个成员都能给你帮助，或者是和你一条心。作为外调而来的领导，周海需要做的事是找到原团队中的中坚力量，如团队中的意见领袖、人际关系好的员工、团队中业绩优秀的业务骨干或工作能力一般但踏实肯干的同事，把他们团结到自己的身边，成为自己的帮手和拥护者，这样接管新团队的工作就成功了一半。

小提示：优秀的领导者要把前任的骨干成员变成自己的骨干成员，把原团队中的中坚力量变成拥护者。

四、不抱怨和评价前任，展现个人能力，成为团队成员的“主心骨”

对于团队的前任管理者，接任者要视情况而定。如果在前任管理者领

导下团队表现优异，接任者需要做的事是对前任的工作予以肯定。如果你的“前辈”不受欢迎且被认为无能，或是团队正走向失败，此时接任者千万不要“炒冷饭”、一味抱怨接“烂摊子”或去评价前任管理者，这样做只会让原有团队成员疏远你。因此，周海需要做的事有两件：一是要展现自己的自信，对事情和现状不抱怨，积极行动，解决和处理问题，通过自己的努力和行动，推动或改善业绩，让团队成员觉得你对他们有信心，为原有团队成员创造一个良好的环境；二是要给原有团队成员足够的信任，全心全意支持你现在的团队，主动为他们解决问题，成为他们的“主心骨”，这样离成功就不远了。

小提示：营销工作光靠自己是做不成大事的，而且职位不代表威望，因此务必先让大家接受你的沟通语言、行为方式、管理方法等。

五、适当时候招聘新成员

作为中途接管团队的管理者，不要误以为必须和原有的团队成员永远绑在一起，适当的时候招聘新成员或引进自己信任的人非常有必要。王总给周海的建议是：在寻找团队的中坚力量时，也要考虑通过招聘或引进自己信任的人进入这个新团队，尤其需要招聘或引进一些可以随时替代原有团队中所谓“资深成员”的新人员，以此来保证队伍的稳定。

六、建章立制，设目标，定标准

俗话说“新官上任三把火”，王总认为，在了解团队的基本情况后，周海需要开展三个方面的工作，即建章立制、设定目标和制订工作标准。首先，根据团队的情况和自身工作要求，建立符合自己要求的团队管理制度和工作流程，这个制度和流程可以是全新的，也可以沿用原有的制度，最核心的是让全员知道并严格执行；其次，设定后期的工作目标，向队员传达自己所希望达到的目标；第三，制定工作标准，让每个员工知道营销管理者对工作的要求，明白干好的标准是什么。一般而言，这些标准包括销售人员的工作习惯、工作行为、工作成绩。其中，工作习惯标准包括销售队员每天几点到办公室，工作行为标准包括每天最多走访多少家终端客户，工作成绩包括一个有七到九个月销售经验的销售队员能否完成每月的销售额。这种工作标准可以有两种，一种是较低标准或者说是保留工作标准。如果达不到这种标准，销售队员就可能被警告，如果下一季度仍达不到标准，就可能被踢出销售团队。另一种工作标准是更高标准，是奖励队员的依据。

七、淘汰不合适的原有团队成员

总会有部分原来团队中的人与新任管理者在思想观念和行动上不一致。对于这一部分人，有的可以通过后期改造进行转换，但有人拒绝改变，工作中依然如故。对于这些实在不能和你观念、认知与价值观统一且拒绝接受改造的人，如果听之任之将会影响整个团队的发展，最好的办法就是坚决淘汰。

小提示：

（1）管理者并不是光靠自己做事，而是大家团结一致，把上级的意图和你的想法整合，通过大家来干大事。

（2）管理者的价值在于资源整合，发挥 1＋1＞2 的效益，你不是一个人在战斗。

（3）职场永远没有满足，企业发展永远不会有尽头，想要在管理者的位置上站稳脚跟，就需要你不断进步，不断创造新的成绩。

第四章
营销团队管理——沟通篇

第一节　团队人员内部如何有效沟通

三十一岁的孙杨大学毕业后选择进入快消品行业，从事销售工作已十年有余。在这十年的职业生涯里，孙杨辗转跳槽到不同的企业，经历了在不同企业身份与角色的转变过程，从业务员、业务主管、业务主办、业务经理到区域经理，再到营销总监。三年前，因为受到H市Y食品有限责任公司总经理的赏识，孙杨就任该公司营销总经理。

面对Y食品销售团队人员涣散、内耗严重、团队人员积极性不高和目标不明等问题，孙杨结合自己在过往的企业里总结的经验，从组织架构、考核体制、目标确立和人员凝聚力建设等方面对整个销售团队进行了大力度的改造。如今，Y食品有限责任公司的销售团队不仅“兵强马壮”，战斗力十足，销售业绩也是水涨船高……看到整个销售团队精神状态，孙杨在感到欣慰的同时也有很多感慨。

回顾这三年对销售团队重组和改造的工作历程，孙杨认为，每个人都有自己的思想和处事原则，一支优秀团队的打造，除了团队人员需要知道自己该做什么外，更为重要的是让他们放弃自己的一些棱角，把他们糅合到一起，实现团队内部的上情下达和人员的互相配合。而要做到这一点，内部的有效沟通是关键和基础。如何在团队内部实现有效沟通？孙杨的做法是找对原因，用好方法。

小提示：沟通比什么都重要。有效的沟通会降低团队的运行成本，提升团队的工作效率。

一、团队内部沟通不畅的十大原因

原因之一：沟通前准备不充分。这主要表现为在沟通前，沟通方对沟通的目标、沟通的对象、工作计划、解决问题的方法等缺乏必要的准备，导致沟通没有效果。比如安排市场人员发展客户，必须明确首次接触客户该如何沟通，要达到什么目的。拜访客户时如何沟通，要达到什么目的。如果没有目标，沟通就失去了方向。

原因之二：沟通的时机不对。沟通是一个双向动态的过程，时机在整个沟通过程中有着非常重要的作用。比如在该说的时候没说，可能就会耽误事；在不该说的时候说了，只会被迁怒。不顾时机，只顾自己侃侃而谈，这样只会导致对方反感，达不到预期的结果。

原因之三：沟通的渠道不对。不同的问题需要在不同场合进行沟通。沟通的场合选择不对，沟通结果可能与预期会相差较大。比如该在会议上进行沟通的事情放在私下沟通，就会导致工作和私事混为一谈，降低工作效率；该通过面对面交流的事情，如果选择电话交流，就会导致沟通的效果下降，影响工作的执行。

原因之四：沟通双方缺乏信任。信任是沟通的基础和前提，没有信任也就无所谓沟通。在工作中，如果沟通的双方互相不了解，缺乏信任的基础，就会导致无效的沟通。

原因之五：没有时间。这主要表现为不是主动沟通方没时间，就是被动沟通者没有时间，其内在的原因是沟通的双方对问题的重视程度不够，没有沟通的意愿，导致本该很好解决的问题因为所谓的“没时间”而被耽误。

原因之六：职责不清。各司其职、各尽其责是团队高效运转的保证。如果沟通双方对自己的职责不清楚，不知道自己该干什么，该做什么，该承担什么样的责任，工作也就无法有效推进。

原因之七：拒绝倾听。这主要表现为一方有沟通意愿而另一方拒绝倾听。这种现象主要存在于下级和上级之间，因为拒绝倾听，导致上下级之间产生隔阂，彼此不信任，结果使工作的积极性和效率降低。

原因之八：情绪化影响。这主要表现为沟通的双方把情绪带入工作，让原本可以通过沟通解决的问题因为受个人情绪影响不能解决，影响工作的进一步开展。

原因之九：反馈不及时。其主要体现在上下级之间的工作沟通中，因为没有反馈，管理者不清楚工作的进展情况，也就无从知道该如何调整。

原因之十：表达不明确。清晰的指令、准确的表达、有效的执行是团队高效运行的基础，很多时候沟通双方，特别是上级给下级进行工作安排时，存在这样的沟通问题，即“没说清楚、没说明白”或者“没听清楚、没搞明白”，结果是说得不对，干得也不对。

二、提升团队内部有效沟通的八个方法

方法一：指挥统一，有序沟通。具体的做法是：从完善团队组织架构开始，确定人员的分工和岗位职责，制订清晰的管理流程，如促销和市场政策方案审批流程、费用核销审批流程、出入库管理流程、市场开发流程等，实现上下有序沟通的渠道，让每个人都知道该向谁负责，向谁汇报。

方法二：沟通要充分，决定要服从。具体做法是进行工作沟通前，要先做好沟通前的准备工作，按照SMART原则，从明确的目标、确定可衡量指标、明确时间要求等方面进行准备，不要自己都没考虑好就匆忙做决定或进行工作安排。与此同时，下级在接收指令后必须坚决服从，按照要求去实施，并做好监督和考核工作。

方法三：听完再说，有问必答。具体做法是：在进行沟通时，被沟通者要做到先听完、听清楚，再说话，提出异议，沟通者要对被沟通者提出的问题给予回答和解释，身为上级管理人员更应该如此。

方法四：尽量形成文字材料，减少口头传递。具体做法是：为了保证工作的严谨性，在沟通后，必须要有书面的文字材料进行确认，尽量减少口头传递造成的“公说公有理、婆说婆有理”的扯皮现象。比如，在给销售人员下达销售指标时，可以通过下达《销售任务书》的方式进行，在其中写清楚相对应的要求。

方法五：可越级沟通，忌越级管理。在工作中，管理人员要按照逐级管理的要求进行管理，防止出现管理错位，进行跨部门、越级的管理。同理，下属也要遵守逐级汇报的工作原则。

方法六：不要说时不听，更不要没听清楚就去做。这主要是要求下属在和上级进行沟通时，要仔细倾听，进行确认，在确定听清楚了、理解对了后，再去实施行动。

方法七：对事不对人。管理者需要明白，任何一个人只要做事就可能出错，不犯错的人是不存在的。因此，在工作沟通中，要坚持对事不对人的原则，就事论事，一切以工作为重点；对于反复出现的工作失误，要学会先从方法上找原因，切忌因人而事，单纯归罪于个人。

方法八：先处理心情，再处理事情；先解决问题，再讨论对错。对于出现的一切问题，管理者不要把自己的情绪带入工作中，面对问题，第一时间去解决问题，在解决完问题后，再进行反思，分析对与错的问题。

第二节　同级部门之间如何有效沟通

北京×食品有限公司的销售部经理王大能被单位里的人称为“大拿”，因为王大能善于管理下级，销售部团队人员都很佩服他。在其带领下，销售部“攻城略地”，无往不胜，几年来始终保持很好的销售业绩。同时，王大能和其上级公司的销售总经理李总相处非常融洽，李总对他非常信任，在工作上给他提供了很多支持。另外，在同级部门，王大能也是左右逢源，和生产部、研发部、财务部的同事相处融洽，他们对王大能赞不绝口，说：“王大能没有架子，平易近人。”“王大能性格开朗，沟通能力极强，和其交流非常轻松、愉快。”“王大能与人相处态度谦虚，从不颐指气使，非常有人情味。”因此，在工作中，很多在旁人看来比较难处理的跨部门的事情，王大能总是能非常顺利地解决，且做到让大家都非常满意……面对大家的好评，以及自己在工作上取得的成绩，王大能是这样认为的：“每个人都是团队中的一分子，对团队都有所贡献，只是各自承担的角色不同而已。作为个人，要想取得成功，来自下属的支持和上级的帮助非常重要，但来自同级部门之间的配合更为重要，而要做到这一点，做好同级之间的沟通是前提和基础。”

如何与同级部门人员进行沟通，获得同级部门人员的理解和支持，并给予帮助？王大能认为：“同级部门间的沟通与上下级间的沟通在两个方面存在不同：一是同级之间相互平等，没有上下级之间职级的制约；二是同级之间各自部门所站的角度不同，存在各自的利益诉求。因此，在进行同级部门之间的沟通时，需要根据双方情况的不同调整沟通方式，正视同级沟通中存在的难点，并针对这些难点寻找解决办法。”

一、了解同级部门间沟通的七个难点

王大能将同级部门间沟通所存在的难点归纳总结为以下七点：

难点一：各部门人员一般会高估自己部门的价值，认为自己部门的价值大，从而忽视其他部门的价值，最终导致沟通双方无法平等相待。

难点二：各部门人员一般认为自己部门利益最大，认为自己部门的事情比较重要，需要优先解决自己部门的事情，需要对方迁就自己部门，最终导致事情欲速则不达。

难点三：各部门人员容易站在自己的角度看待问题，缺少换位思考的习惯，不能设身处地为其他部门考虑，部门间很难达成一致，最终结果是各说各的理，相互扯皮和推诿。

难点四：同级部门间在行政职能、职级和管辖权上没有隶属性，也就没有了权力的强制性，因此，“谁都可以不服谁”，最终结果要么矛盾上交，要么不了了之。

难点五：职权划分不清。在职责权限上，同级部门之间往往存在模糊的地带，双方对一些事情都要负责，但因为缺乏相应的职权，最终结果是谁都不愿意管。

难点六：人性的弱点。这主要表现为同级部门的当事人或沟通者都不愿为事情承担责任，都想着怎样把工作推出去，最终的结果是工作常常被无视，没有部门去做。

难点七：部门利益冲突。这主要表现为当影响到本部门的利益，尤其是经济利益时，各部门人员都不愿意妥协，从而出现对抗，无法沟通。

二、掌握同级部门理想沟通的六种方式

王大能认为要实现同级之间良好的沟通，作为沟通的双方都需要找到理想的沟通方式，具体来说有以下几种方式：

1. 营造良好的沟通氛围

良好的沟通氛围有助于沟通的顺利进行，促进双方达成共识。在现实中，王大能的经验是事缓则圆，因此王大能碰到问题时，不论事情大小，首先是让自己的情绪稳定下来，让自己放松下来，以免不好的情绪影响他人，然后让自己表情做到轻松自然，必要时保持笑脸盈盈，之后用轻松的语气，就问题说问题，用聊天的方式解决问题。

2. 学会尊重和欣赏

俗话说“人敬我一尺，我敬人一丈”，尊重对方、欣赏对方才能让对方认可你，而只有让对方认可，才能在沟通中引起共鸣。比如王大能和各同级部门进行沟通时，在谈问题前都会说“××部门的支持给了我们很大帮助，最近还有点事情希望你们能够给予支持……”或“××部门对我们部门太重要了，帮我们解决了不少问题，现在还有的问题需要拜托……”之类的话。用王大能的话来讲，这叫“高看别人，别人也会高看你”。

3. 灵活主动，多方式沟通

问题不同，解决的方式也就不同，沟通的场所也会不同。有些问题需要在正式的办公场所进行沟通，有些问题在私下场合可能更好解决。在实践中，王大能会通过在饭桌上沟通或邀请同级部门相关人员到市场参观等方式，就一些问题进行私下交流，往往会收到不错的效果。

4. 注重倾听，用数据说话

在同级的沟通中，要注意倾听对方所要讲的话题内容及其背后想要表达的意思，清楚对方的需求。与此同时，己方尽量用真实的、有效的数据来支撑自己所讲的内容，让对方明白自己不是胡搅蛮缠，而是就事论事，完全是为了工作。

5. 知己知彼

知己，就是要知道自己想要达到的目的，知彼，就是需要了解其他部门的目的，在沟通中求同存异，各自实现目的。

6. 沟通中做好“三换”，即换位思考、换人沟通、换场合沟通

很多时候，沟通之所以会出现问题，往往是缺乏“三换”，即换位思考、换人沟通、换场合沟通。王大能的经验是一方面要换位思考，站在对方的角度考虑问题；另一方面要在沟通不畅时，学会换人、换场地进行沟通，不要“在一棵树上吊死”。

三、学会同级沟通的八个技巧

王大能秉持“用对待客户的心态来对待同事”的原则，归纳总结了同级沟通的八个具体技巧。

技巧一：知己待彼。在同级沟通中，对于问题的产生，不要一味指责抱怨对方，先从自我反思开始，先改变自己再要求别人。

技巧二：换位思考。要学会易地而处，站在对方的立场思考问题，找到合适的沟通方式与办法解决问题。

技巧三：双赢规则。要平等互惠，不让对方吃亏，在自己得到回报的同时，也要让同级部门和人员得到应有的利益。

技巧四：多种渠道。确定什么场合沟通什么性质的工作，设立多沟通平台，寻找更多的渠道、场合进行沟通。

技巧五：流程清晰。在沟通之前，要把双方的职责界定清楚，减少边际责任，做到沟通双方都清楚自己该做什么，该担什么样的责任，不互相扯皮，只就事论事。

技巧六：支援补救。在日常工作时多进行非正式交流，及时传递有效信息和相关资料，不要临时抱佛脚。

技巧七：团队第一。忌山头主义和部门第一，要顾大局利益，要学会一盘棋的思考方式，把整体利益放在心中。

技巧八：幽默欢乐。营造沟通氛围，切勿持职自重，要做到对同级部门负责人或其下属平等对待，和平相处，不要因为自己的职位而怠慢同级负责人，尤其是其下属。

小提示：用对待客户的心态来对待同事。

第三节 管理者如何与下属有效沟通

H食品有限公司的销售经理王磊和许多营销人一样，由于在基层岗位上销售业绩突出，再通过层层的考核和竞聘选拔，最终升职为该公司的销售经理。如今，王磊在该销售经理的岗位上已干了两年。在这两年的时间里，王磊本色不改。在工作上，始终保持着当初的那份热情，其所负责的业务始终保持着稳健增长；在企业内部的人际交往上，不仅和自己的顶头上司乃至公司高层相处得非常融洽，而且在同级的不同部门的同事中也有着良好的口碑。不错的销售业绩和良好的人际关系使得王磊深受公司销售总经理刘总的赏识，成为营销公司里炙手可热的重要人物，再次提升只是时间问题。

王磊心里很清楚自己能够取得这样的成绩，除了公司领导的大力支持，更重要的还是自己下属发挥的作用。如果没有下属的支持和良好的合作，依靠自己“单打独斗”不可能取得如今的成绩。回顾自己这两年带队伍的工作历程，王磊感慨万分。从当初上任之时与下属间互相怀疑、不断产生矛盾，到如今被下属理解、认可和支持，一路走来，他收获的不仅是成绩，更多的是工作经验，尤其是与下属进行有效沟通的经验。

如何与下属进行有效沟通，实现上下级和睦相处，戮力同心达成目标，王磊结合自己的工作实践，总结了一些经验。

王磊总结的经验包括以下几点：

一、要学会放下架子，控制情绪，做个有能力、没脾气的“上等人”

上级与下属相处最大问题是下属对其避而远之，不愿意和上级进行面对面的沟通。其中原因有很多，比如职级上的差距、沟通中的不平等、话题上的差异，等等。作为管理者，要和下属实现良好沟通，首先需要学会放下架子和面子，融入下属群体，让下属愿意靠近你；其次，要学会控制情绪，做到制怒，尤其是避免发脾气，和下属交流时做到心平气和，让下属认可你而不是敬畏你；最后，需要学会把工作和生活分开，不要把工作中的情绪和好恶带入生活。总之，要让下属愿意主动靠近你，需要管理者做一个有能力、没脾气的“上等人”。

小提示：卓越的管理者大多是有能力、没脾气的“上等人”。

二、与下属沟通过程中要避免四个误区

除了要成为一个“上等人”，在和下属进行工作沟通时，管理者需要避免以下误区：

误区一：简单地认为下属应该做好。这主要表现为很多管理人员站在自己的角度想当然地认为下属应该知道工作的安排，也应该把工作做好、做对，因而忽视了与下属对工作进行沟通。然而，他们却不知道，由于双方所站的高度不同，掌握的信息不对称等原因，管理者自己看起来或做起来可能很简单、很容易的事情，让下属来做却很难，或因搞不懂而在理解上出现偏差，最终结果是“差之毫厘，谬以千里”。

误区二：天天沟通，事事沟通。这主要是因为上级人员对下属缺乏信心，担心下属无法独立实现既定目标，或认为和下属多沟通会对工作起到很好的监督和提升作用。因此，不论事情大小，天天做沟通。殊不知这样做，不仅自己很累，下属也很疲惫，乃至产生逆反心理，不愿意直接面对自己的上司，结果导致工作效率低下。

误区三：习惯单向沟通。这主要有两种表现：一种是在下属和自己进行沟通时，对下属的谈话内容、具体思路与想法没有任何回应，让下属不知道该不该继续说，不清楚自己的思路、想法是否可行；另一种是在和下属进行沟通时，习惯于自己一个人说下属听，不考虑下属是否明白自己的目的、想法和思路。

误区四：沟通多少与关系远近相关联。这是上级与下属沟通中普遍存在的现象。很多管理者选择的沟通对象，要么是和自己对脾气的，要么是和自己关系好、走得近的，且沟通的多少也不是以工作需要为目的，而是按照双方关系远近来决定，该说清的没说清，不该多说的又絮叨不停，结果是该沟通的人没有进行沟通，不该沟通的人天天瞎沟通。长此以往，不但影响工作，更会造成自己和下属之间的隔阂，下属之间也会产生矛盾，结果是让团队内部逐渐分散，成为一个个小团伙。

三、沟通中要直面下属抱怨，做好化解工作

在和下级的沟通中，很多管理者会发现，在下级的言语中往往充满各种抱怨或者不理解，有的是对客观环境的抱怨，有的是对主观原因方面的抱怨，有的是一些没有来头的瞎抱怨……王磊认为，面对下属的抱怨，逃避不是办法，只能让自己和下属距离越来越远。根据自身经验，他建议，管理者在沟通时可从以下几个方面来有效改善下属的抱怨：

第一，客观认识下属的抱怨。对于下属的抱怨，管理者保持一个积极的心态，要把下属的抱怨看作一件很正常的事情。下属敢于抱怨，一方面是对管理者的认可，因为他至少愿意说出自己内心的想法，尽管是消极的；另一方面下属有抱怨，也就有想要改善或改变的意愿，说出来是希望管理者能帮助其实现改变。

第二，认真聆听下属抱怨，及时了解下属抱怨的真实原因。管理者对下属的抱怨要仔细听、详细问、认真记，在听、问和记中找到下属抱怨的深层次原因，进而找到解决抱怨的方法。

第三，对抱怨的下属要给予必要的关心、理解并认真加以对待。首先，在态度上要有足够的热情；其次，在行动上，对于那些自己可以解决的问题，如制度、管理或者考核方法，要及时进行必要的调整。对于不能解决的或者暂时没办法解决的问题，要明确告知下属，把不能解决的原因做必要的说明；最后，管理者要清晰地传递出愿意和下属共同面对问题的信号，让下属对你更有信心。

小提示：上级和下属的有效沟通可以让下属对你有信心和愿意依赖你。

四、掌握上级与下属沟通的八大技巧

要实现上级与下属的有效沟通，也是有很多方法可以遵循的。王磊总结了以下八大技巧：

技巧一：多说“小话”，少说“大话”，保持言行一致。上级在和员工沟通时，不要信口承诺，要做到言出必行，这是保持自身的威信和让下属认可的基础。

技巧二：不着急说，先听听看。和下属沟通时，要先听后说，听明白、问清楚再回答问题，说出自己的意见，这是有效沟通的前提，也是员工乐意和你沟通的要点。

技巧三：不说短长，不伤和气。就事论事，不搞人身攻击，仅就工作事宜和下属坦诚相待，各抒己见。

技巧四：广开言路，接纳意见。上级要善于广开言路，不因人而异，要敞开胸怀，用多种方式积极与下属进行沟通，全面了解情况和下属的意见。

技巧五：指示清晰，简单易懂。上级给下属指示或要求时，要做到表达清楚，做到让“傻子”都能听懂，在下达可量化的指标时，要用准确的数据进行量化，做到唯一性。

技巧六：启发思考，鼓励觉悟。在工作安排时，管理者可按照教练的原则，引导下属进行思考，用提问的方法让下属多找几个解决问题的方法，用正向的激励方法鼓励其积极行动。

技巧七：态度亲和，立场坚定。在和下属进行沟通时，管理者要放下身段，体现出自身亲和的一面，让下属愿意与你沟通。遇到原则问题或刚性指标时，作为上级，管理人员要做到外圆内方，表现出自己的坚定立场。

技巧八：多些激励，少些斥责。激励是最好的管理手段，因此，在和下属进行工作沟通时，对于下属表现出来的优点或在工作中取得的成绩，管理者要及时予以肯定与表扬；对出现的问题，则采取委婉的方式方法加以间接批评，而不是斥责，过多的斥责可能适得其反。

第四节 如何给下属合理安排工作任务

销售经理王凯非常生气和郁闷，上周他安排业务人员张小龙前往K市场拜访经销商李总，就K市场下一步的工作进行沟通，并让张小龙对K市场进行市场调查，了解一下竞品的销售情况和产品价格体系等。结果，一周之后，张小龙人是回来了，但安排的工作却没有按照王凯的预期完成。在他询问后，市场调查报告才匆忙上交，但其中的数据不具体，该调查的内容也没有，和经销商就下一步的工作也没沟通到位，没有梳理出重点和方向。为此，王凯把张小龙狠狠批评了一顿，而张小龙也感觉很委屈，认为自己就是按照王经理的安排在工作，没什么不对的，他认为工作达到了预期结果，但最后还是被批评……

在现实的工作中，销售经理王凯和张小龙的事情每天都在上演。之所以出现这种现象，原因要么是上级安排工作出现问题，要么是下属在领会领导的工作安排和要求方面出现偏差，最终导致目标未实现。那么，上级该如何向下属安排工作任务，才能避免出现这种现象？

一、把握有效安排工作的八个要点

要点一：工作安排前充分准备。上级安排工作时，要向下属明确安排工作的三个要素，即安排此项工作的目的、此项工作要达到的结果，以及该项工作完成的时间期限。让接受任务的下属明白这三个要素，就不至于出现王凯布置了工作，而张小龙不清楚自己需要怎么做的问题。

要点二：工作安排要激发下属的能动性。让下属发挥积极性和创造性，主动去干工作，是工作实现良好效果的前提。上级在给下属安排工作时，要清晰地告知下属完成此项工作能给其带来的好处，比如工作技能和经验的提升、职务上的升迁、相关物质奖励与荣誉等，以激发其工作的意愿。

小提示：只有事与己相关，才能实现“让我干”转变为“我要干”。

要点三：工作安排时，要使用平等的口吻和礼貌的用语。在安排工作时，上级用平等的口吻和礼貌的用语对下属进行工作安排，一方面利于在工作安排时双方互动交流，就工作的细节进行充分探讨；另一方面可以让下属感觉到被尊重和认可，利于激发其主动工作的意愿。事实证明，用平等的口吻和礼貌的用语来进行工作安排，比采取命令式或者强制性的方式安排工作效果更好。

要点四：安排工作时，要确认下属能够完全理解。案例中，王凯的工作安排和张小龙达成的工作结果之所以会出现大的偏差，主要原因在于下属没有完全理解上级安排的工作内容。因此，在给下属安排工作时，上级需要反复和下属就工作内容进行确认，确保下属真正理解工作的具体内容和相关要求。比如上级可以向下属询问：“这项工作的具体内容是……，其具体的要求是……，具体完成时间是……，你明白吗?”

要点五：安排工作时，要告诉下属自己能够为他提供什么样的帮助。给下属安排工作，上级需要给下属提供必要的帮助，并且明确自己能够提供什么样的帮助使下属达成工作的目标，以便下属在进行工作时清楚自己可以向其上级寻求什么样的帮助。

要点六：安排工作时，要给予下属相应的授权。责和权的对等是高效完成工作的必要保证。在给下属安排工作时，上级一定要给下属予以相应的工作授权，让下属知道在工作中有哪些事情是可以不需要请示就可以做决定的，从而更顺利和高效地开展工作。

要点七：安排工作时要让下属多提出疑问。在给下属安排工作时，要鼓励下属多问几个为什么，消除下属心中的疑问，让下属明白工作安排的原因、目的和具体的要求。

小提示：工作安排不仅要让下属知其然，还要让下属知其所以然。

要点八：安排工作时，要了解下属的具体工作计划。好的结果需要有好的过程来保证。在确定下属真正理解了工作的具体要求和相关内容后，上级还需要了解下属开展工作的计划，从中了解其对工作开展的合理性和达成目标的可能性，并对工作计划的可行性进行评判，保证下属可以按计划实施，按要求达成工作结果。

小提示：好的结果一定需要好的过程，好的工作计划是好结果的前提。

二、掌握对重要工作安排的四个要点

工作时间安排有缓急之分，而工作内容和性质则有轻重之分。对于一些重要工作，在进行安排时需要和一般性的工作进行区别对待，要掌握好以下四个要点：

要点一：明确工作负责人。重要工作对于企业来说重要性大，影响面广。因此，首先，需要上级人员选择合适的人，即能胜任此项工作的人并且是可靠的人来安排此项工作；其次，为了保证工作能够顺利开展，达成预期的结果，防止出现扯皮和推诿的现象，必须明确具体的负责人；第三，人选必须是唯一的。

要点二：确定可衡量和可量化的完成标准。对重要性的工作安排，要求工作达成的结果能够进行量化，并能够有效衡量。比如下达销售指标时，相关销售量、销售额等指标必须数字化；市场开发工作中，相关经销商开发数量、市场铺货率、终端渠道开发家数、产品陈列的具体要求等均需要实现量化；市场销量提升率要能够和前期进行比对和衡量，等等。

要点三：确定工作完成的时间期限。对工作完成的时间进行具体要求，比如工作完成的时间为×年×月×日。

要点四：要对工作完成的结果进行考核评估。在现实工作中，由于缺乏事后的考核和评估环节，致使工作人员对重要工作不上心，导致重要性工作的问题层出不穷，错误反复出现。因此，上级人员一定要对重要工作的结果进行必要的评估和考核，保证重要工作能够达成预期，让接受重要工作的负责人对工作有足够的重视。而要促成这一成果，上级人员一定要做好两方面的工作：一方面对重要工作的考核评估必须按时进行，即确定考评时间；另一方面将工作的考核结果与激励直接挂钩，提升人员的责任心和积极性。

小提示：

（1）重要工作的开展只有采取考核，并将考核的结果与奖惩挂钩才能引起足够的重视，工作的结果才能按照预期实现。

（2）员工不会做你希望的事，只会做你要考核的事。

第五节　下属如何获取上司的支持

罗志强和李大伟同是T食品有限责任公司的业务经理，也是要好的朋友。经过两年的基层锻炼后，两人分别负责企业A市场和B市场的区域销售管理工作。其中，罗志强负责A市场，李大伟负责B市场。2018年，因发展需要，企业进军C市场。企业专门把李大伟从B市场调往C市场，负责C市场的开发，并要求李大伟在3个月内见成效，月度销售额要突破50万元，并保持相对的稳定。

然而，3个月过去了，C市场的业绩未能达到企业的预期。其中原因，用李大伟的话说就是企业支持不到位，他的想法没有得到全面落实。为了尽快使C市场工作达到预期，企业又派罗志强前往C市场，主导C市场的开发。同时，鉴于李大伟熟悉C市场情况，安排其全面协助罗志强开展工作。罗志强到了C市场后，在和李大伟进行简单的寒暄后，随即开始进入工作状态。先是从李大伟等人处对C市场的工作做相关了解，之后几天罗志强和经销商见面，亲自进行市场调研。此后，结合李大伟的建议和自己对C市场的想法，罗志强和自己的直接上司王总进行了多次沟通。根据和王总沟通的结果，罗志强在短时间内撰写完成了对C市场再次开发的执行方案，并获得批准。接下来，罗志强和李大伟带领团队共同努力，C市场在短时间内取得了企业期望的结果……

C市场的开发结果得以如期实现，不过，这让李大伟有点困惑。在李大伟看来，罗志强在C市场采取的很多开发措施和思路与自己一样，为什么在寻求市场政策支持上，直接上司王总给予罗志强支持，罗志强上报的方案可以很快获批，而自己的方案总是被一次次驳回？为什么同样的事情，罗志强做会得到表扬，而自己去做得到的却是批评？……带着这些疑问，李大伟专门请罗志强吃饭，并向罗志强讨教。在菜过五味酒过三巡后，两人的话匣子被打开。就李大伟的疑问，罗志强和其进行了深入的交流……

罗志强认为，作为一名营销人员，即便个人能力很强，如果离开企业的支持往往也很难成事，而企业支持的权力主要集中在上级领导手中。在资源和费用有限的前提下，每个企业的管理者掌握的资源都是紧缺的。对于上级领导而言，给谁支持都是支持，因此下属要想成事，实现自己的价值，获得自己上级的支持非常关键，也是必要的。那么，该如何获取上级领导的支持和帮助？罗志强认为，下属要学会向上管理，通过和上级的友好相处，最大化争取上级的帮助。至于具体该如何做，罗志强结合自己的工作经验，给出了几个方面的建议。

罗志强给出的建议包括以下几点：

一、与上司沟通时要避免的五个问题

第一，在和上级进行沟通和工作汇报时，要避免只谈问题而不谈问题的解决办法。正确的方法是：在谈工作问题的同时，给上级提供问题相应的解决方案，帮助上级做决策判断。

第二，在和上级接触过程和工作汇报时不要一味地逢迎，而不去做实事。正确的做法是：将自己的形象建立在做实事的基础上，让上级认为你是一个“靠谱儿”的人。

第三，不要因为自己的工作能力强，就自命清高，不去主动和上级进行沟通。不要寄希望于上级主动与你沟通，只有主动和上级进行沟通，才能获取信任和理解。

第四，每当工作出现问题，不能只向上级解释原因，归罪于外部原因而不愿意承担任何责任，这样只能让你的上级对你避而远之。

第五，不能只想着自己的一亩三分地，没有大局观念，不知道设身处地替上级着想，这样做只能让你的上司认为你的格局不够，信任也就随之消失。

二、和上级进行沟通或工作汇报时的五个要点

要点一：要积极主动地和上级沟通，在工作汇报和请示时，要带着方案和解决办法去请示。就像此次 C 市场的开发，罗志强在和王总进行电话沟通的时候，不仅讲市场问题，同时也说了他自己如何解决该问题的意见和看法，并对后期的结果进行了预判。

> 小提示：要学会带着方案去向上级请示工作。

要点二：要在做好自己本职工作的前提下，积极帮助上级发现工作中出现的问题，并努力加以解决，让领导信任你的能力和人品。此次 C 市场的开发方案之所以能够快速得到批准，很多都得益于罗志强之前所积累的信誉，王总相信他能够说到做到。

> 小提示：没有一位上级愿意为一个没有结果的投入买单。

要点三：要积极拥护上级领导决定，理智对待上级领导的不同意见。其实，此次在制订 C 市场的开发方案上，王总也提出了很多意见，但由于王总没有亲临市场，对市场的问题不是很了解，很多决定可能不是很适合。为了争取王总的支持，对于王总的意见罗志强表示支持和理解，并在方案中予以提及，但在事后的执行过程中不断和王总进行沟通，在双方意见达成一致的情况下再进行调整。

> 小提示：肯定你的上级，帮着上级把工作做对。

要点四：在进行工作汇报时，要结果先行，少提原因。对于问题，需要逐步提出，并进行深入讨论，找出问题的解决办法。在 C 市场的开发上，王总一直关心市场开发的进展情况，时不时也会打电话询问，了解工作的进度。在向王总汇报时，罗志强会第一时间汇报进展情况，之后再把遇到的问题及解决思路进行告知，并征求王总的意见，这样就让王总给予了越来越多的支持。

> 小提示：敬重你的上级，你所得到的支持就大。

要点五：这是最重要的一点，下级要学会感恩，不要认为上级的支持是理所应当的。在 C 市场的开发上，每当工作取得一点成绩和进步时，罗志强都会及时向王总汇报。这既是工作的需要，也是与王总进行感情联络。与此同时，在和王总联系时，罗志强会对王总给予的支持表示感谢，在给企业的相关汇报材料中也会提及王总的支持和帮助。

> 小提示：要学会感恩，不要认为上级的支持是理所应当的。

三、与上司沟通需要掌握的八个技巧

技巧一：要了解上司习惯，对于一些话题或内容，除非上司想听，否则就不要讲。

技巧二：在工作和看法上，如果和上级的意见相反，不要当面顶撞，而是要先积极响应，事后单独沟通。

技巧三：和上级意见有所不同时，要先表示赞同，在执行中去理解和完善，把事情做对、做好。

技巧四：对上级的意见有补充时，要婉转表达，先予以肯定和支持，再用引申的方式提出合理化建议。

技巧五：对上级的批评不要急着自我辩护，对上级的工作安排要积极响应，不要讨价还价，表现出大局观。

技巧六：汇报工作时要预先思考，不要只是单独汇报问题，要多讲办法，让领导做判断和选择。

技巧七：和上级沟通时，要少说、仔细听，对一些重点问题，要跟上级进行必要的确认，真正理解上级意图。

技巧八：要换位思考，学会站在上级的角度考虑问题，对上级赋予的工作目标要表现出足够的自信，敢于承诺目标并积极去实现目标。

第五章

营销团队管理——问题篇

第一节　营销团队中管理者工作的十大误区

王总在十余年的市场营销职业生涯中，在不同的企业工作过，阅人无数，对于营销团队管理者的工作误区如数家珍。如今，王总转入咨询行业，成立了自己的咨询公司，专门从事营销管理方面的咨询。近期，受W公司销售总经理的邀请，给W公司的营销管理人员讲授《从优秀到卓越——营销管理人员技能提升》课程。在课程上，王总对营销管理者如何提升工作技能、实现自身的蜕变做了深入浅出的讲解，并结合自己十余年的工作经验，对营销管理人员工作中存在的问题进行了总结。王总把营销管理者在工作中存在的问题归纳为营销管理者工作的十大误区，并用生动的案例进行了分析。

误区一：只会责问，不知寻求解决办法

B公司是X省一家颇有知名度的快消品生产企业，成立已有十年之久，主要从事方便食品××牌方便粉丝的生产和销售。自企业成立以来，李大能便进入公司，一直从事市场一线的基础销售工作，是B公司一位名副其实的“老人”。2017年，由于偶然的原因，李大能被任命为B公司销售部销售经理，全面负责公司的销售工作。李大能对未来也是充满信心，决心大干一场，证明自己的能力。李大能认为自己在B公司待了十余年，无所不知，无所不能，干好销售经理是“手拿把攥”的事。下指标、定任务，一切都在看似顺利中进行，前三个月销售指标表现得也不错。然而，到第四个月，问题出现了。整个团队的销售进度一下就慢下来了，市场上一片惨淡，经销商库存满满，销售人员叫苦连天。一切似乎来得那么突然，李大能也慌了神，不知道如何是好……

究竟是什么原因导致这种局面？原来，李大能上任后就表现出自己所谓“强势”的一面，给业务人员下达销售指标时，完全不听业务人员的解释，只问一句：“你能不能干？”在对待没有完成销量指标的业务人员时，他说得

最多的一句话是："为什么没有完成任务？我不听理由，我只要结果。"一部分业务人员实在无法忍受就选择了辞职，剩下的业务人员也怨气颇深。用业务主管小李的话来讲："李经理每次下达的任务都是要求必须完成，完全不考虑市场实际和困难，对我们反映的问题从不给任何解释和帮助。"业务人员小张说："每次我们反映市场问题时，李经理都是用不容置疑的话反问我们，'你们自己想办法，我都能解决还要你们干什么？'"业务人员小王说："每次我们把市场问题和解决办法反映给李经理时，他都是沉默以对，不说对错，也不说该如何去做，最终结果是石沉大海，问题还是无法解决。"

分析：李大能处理工作的方式在很多营销管理者身上都出现过，这种类型的管理者是一种典型的只知问责而不知如何解决问题的"庸官"。作为一名营销管理者，不仅需要做好裁判，同时也需要当好教练，需要告诉业务人员该如何做，自己能给他们提供什么帮助。

误区二：越俎代庖，跨级管理

A企业销售事业部经理王晓顺从业务精英转变为营销管理者。做销售经理的第一天，王晓顺就给自己部门定了分级管理的规矩，让大家遵循分级管理、逐级汇报的工作原则。但是，在日常工作中，王晓顺似乎忘记了这一管理规定。本应由区域主管安排的工作，结果王晓顺总是自己去安排，每当区域主管问销售员工作时，销售员讲的工作主管不清楚，因为是王总安排的，区域主管只能不吭声。有时在召开公司会议时，王晓顺也会亲自安排部门经理下属的工作，部门经理只能苦笑。不仅如此，如果工作没能很好地完成，王晓顺会把自己对这个员工的看法直接传递给员工的上级，让他去处理员工，搞得各区域和部门经理不知道该如何办。时间一长，每当王晓顺再提分级管理、逐级汇报的规定时，下属往往都是会心一笑，大家也没有积极性去管理下属工作，都在等王晓顺安排。对此，王晓顺非常郁闷，认为自己的下属不努力，对工作不负责任，而下属觉得非常冤枉："你都安排好了，还要我们做什么？"

分析：王晓顺所犯的错误是很多营销管理者的通病，他们自认为无所不能，管理工作面面俱到，却不知道自己越俎代庖，管理错位，做了不该自己做的事，结果是自己很累，下属也很累。营销管理者可以跨级沟通，但是不能越级管理。一旦养成越级管理的习惯，下级就会将问题上交，管理者就会陷入日常琐事，结果管理者整日忙忙碌碌，而下属无事可做。

误区三：唯上不唯下，上级指令照单全收

销售经理李传光被下属私下称为“传声筒”，因为自其任销售部经理后，似乎就没有自己做过决定。每次召开内部营销会议，李传光都是传达上级的指令，告诉下属公司要求销售部完成什么、指标多少。如果下属对指标提出疑问，李传光会告诉下属：“这是上级下达的指标，没有办法啊，咱们还是要完成。”据说，李传光每次到总公司开会时，对于公司下达的指标和要求不管合理与否，每次都是爽快答应，从不提出自己的意见，并承诺保证完成任务。在召开团队内部日常会议时，李传光会自豪地告诉下属：“公司总经理让我完成××工作，我不能找理由说不行吧！”其实，他是告诉自己的下属要像他这样，上级下达的指标和要求一定要坚决完成，没有条件，创造条件也要完成。殊不知，很多工作是无法完成的。由于他无条件地接受任务，结果在整个销售部内部出现了欺上瞒下的风气，对于任何指令大家都照单全收，至于能否实现全看运气。

分析：李传光的工作作风很有代表性，很多营销管理者走向一个更高的职位后，为了保住自己的乌纱帽，给公司领导建立执行力强的印象，就忘记了营销工作要尊重事实的原则，结果导致整个团队形成只务虚不务实的工作风气。营销管理者必须要有自己的思想，要有尊重事实的底气，这样才能带领团队走得更远。

误区四：心胸狭窄，睚眦必报

三十岁出头的李想担任M食品有限责任公司华东大区分公司销售负责

人。由于上级领导的赏识，最近被提拔为总公司的销售总监。对于李想的提拔，公司很多销售人员感到不可思议，也有很多的质疑，因为李想的业务能力和职业素养并不出众，而且是一个比较计较的人。也许知道自己让很多营销人员不服气，李想在上任后非常注重自己的形象，很看重自己的面子。在给下属安排工作时，他不允许下属提出任何异议，总是用不容置疑的口吻强行要求下属按他说的做。一旦有人不服从，他就在会议上公开批评，杀鸡儆猴……

小王是一位90后的一线销售人员，是企业Q区域的一名销售主管，工作非常努力，业绩也非常优异，同时也很有想法。因为对工作安排有异议，他在工作群中说了一些赌气的话，顶撞了李想。本来这只是一件微不足道的小事情，但李想认为小王挑战了自己的威信，让自己下不来台。为此，李想要求小王的上司张经理对此事严肃处理。在了解事情的经过后，张经理建议李想给予小王批评教育即可，但李想坚持要求严肃处理。张经理非常无奈，只能按照李想的意见，将小王的职位由销售主管降为最基层业务代表，同时将小王的工资降到基层人员的水平。不仅如此，李想还将小王调至一个偏远的市场，在会议上不点名地对小王的人品进行批评，大有不将小王开除不罢休的架势。对于小王的遭遇，公司营销人员在得知前因后果之后，一片哗然，一致认为："李想做事真的有点过了，简直是独裁。""李想的心眼太小了，哪有领导这样处理问题的！"自从这件事发生后，大家明白了李想的为人，因此，在后期工作中，哪怕明知李想在工作上的安排不对，也没有人吭声或提出建议，反正错了也和自己没关系，整个团队如同一潭死水……

分析：管理者的威望和影响力不是依靠法定职权就能建立起来的。管理者不仅要有宽广的胸怀，而且还要有容人的度量。给下属布置任务时，要用商量的口吻沟通，广泛征求员工的意见，引导员工自己说出答案。

小提示：管理者要想坐稳自己的位置，首先能力要强；其次，要有一定的人格魅力，让员工感觉你是为他们服务，让员工真心接受你。

误区五：独断专行，行事欠考虑

作为A公司的销售负责人，李秋生敢想敢干，带领团队为A公司的发展立下了汗马功劳。随着在职时间越来越长，李秋生发生了一些变化。过去，在工作上，李秋生非常喜欢和自己的下属进行充分协商后再做决定，如今李秋生往往是脑袋一拍，不认真考虑后果，就把工作决定下来，美其名曰是要提高执行力。有很多次因为匆忙做决定，导致营销工作出现危机，但李秋生认为只是意外。2009年春节临近，为了抢占市场份额，李秋生又一次拍脑袋做了决定。企业的××品牌花生露在往年春节的市场销量为30万箱，李秋生认为，随着这几年消费升级和企业产品知名度的提升，加上春节送礼市场大，销量一定会实现突破，于是决定把生产订单增加一倍。而公司市场部认为，虽然存在李秋生所说的市场情况，但近几年市场中同类产品越来越多，竞争越来越激烈，A公司的产品虽然知名度高，但产品价格也高，作为春节礼品的优势不明显，因此建议订单调整为40万箱。但是，李秋生完全不听，要求业务人员必须完成60万箱的销售指标，销售任务下达后随即开展压货工作。结果，由于各个厂家都参与春节市场争夺，虽然企业的××品牌花生露销售情况还可以，但还是出现大量积压，为此经销商抱怨，业务人员也感到心力交瘁。

分析：提高执行力不是独断专行的借口。营销管理者作为企业连接市场的重要枢纽，其一言一行代表着企业，其所做的决定关乎企业的未来发展。营销管理者需要做的工作是带领团队、依靠团队、相信团队，做到集思广益、谋定而后动，以避免工作中出现失误。

误区六：自负满满，无所不能

28岁的贾胜利年纪轻轻就被提拔为H食品公司的营销经理，一时风光无限。为此，贾胜利认为自己是无所不能的一个“人物”。在工作中，贾胜利没有了过去的谦虚，认为自己的想法才是最好的，下属都要按自己的想法来开展工作。下属和他进行沟通时，贾胜利总是坚持自己的意见，要求下属按照自己的思路来处理问题，最终导致下属不敢有想法，凡事都去找贾胜利要想法。因此，贾胜利总是很忙，时常埋怨自己的下属不会给自己分担责任，没有想法和能力。

分析：尺有所短，寸有所长，管理者不可能是万能的，不可能做到样样精通。管理者要懂得授权，从内心相信下属一定行，给予更多机会让下属历练，发挥他们的能动性。

误区七：以权立威，缺乏威信

王虎进入W公司时间不长，因为特殊的原因被任命为W公司的销售负责人。由于缺乏足够的群众基础，又急于树立自己的威信，上任后，王虎出台了一系列规章制度，要求销售部门全体人员认真执行。在工作中，王虎总是保持高高在上的姿态，很少和自己的下属沟通。王虎要求下属必须不折不扣地执行他安排的工作，没有任何商量的余地，对于一些执行困难、大家异议多的工作，王虎总是以自己的权力压服众人，要求各部门严格执行。而且，王虎总是把“我作为销售负责人，销售工作由我说了算”挂在嘴上，不断强化自己的职位和权力。结果，下属表面上遵从他的指令，私下里对其并没有多少尊重和认可。

分析：管理者打造自己的威信，言行影响胜于权力驱使，需要做的是做出业绩让员工信服，加强沟通让员工信任，保持亲和力让员工亲近你。

小提示：管理者只要建立了众望所归的影响力和威信，就能激发员工的最大潜能，取得卓越的绩效。凭借管理者的影响力和威信，往往能取得更好的效果。

误区八：只会批评，不懂鼓励

很多管理者总是认为下属把事情做对理所当然，因此对于下属工作上取得的成绩表现得非常淡然，没有任何表扬和奖励。相反，下属出现过错，则大加批评，而不是帮下属找出问题的症结所在。结果，下属工作热情不断降低。一名优秀的管理者对下属的成绩要看在眼里，更要及时给予表扬和鼓励，而对于出现的问题，要跟下属一起分析，找出发生问题的根源，寻求解决办法。

误区九：推过揽功，自我标榜

管理者的成功在于下属的成功，只有下属成功了，整个团队才能成功，管理者的自我价值才能实现。管理者就是服务员，要学会推功揽过，帮助你的下属成功。

误区十：吹毛求疵，不知工作重点

吴能是一位因为业务能力强而走向领导岗位的营销管理者，他常常挂在嘴边的一句话是“细节决定成败”，并为自己在工作中善于发现小的问题而沾沾自喜。当他在各级业务人员上报的方案或材料中发现诸如错字、相关落款不对等问题，便会对下属进行一番严厉的批评。部门的一些重要事情，他都是安排下属去做，自己从来不去考虑该如何做；对部门后期的工作方向和工作重点也从不考虑，领导怎么说，自己就怎么安排，完全没有自己的想法。时间一长，部门人员都熟悉了他的套路。于是，方案的质量倒是上去了，但部门工作的重点和方向却不清晰，整个团队人员一片茫然……

分析：抓重点，抓大事，把握方向，关注销售战略的实现，是营销管理者的工作重点。营销管理者不能因为一些鸡毛蒜皮的小事而蒙蔽自己的双眼，对工作中出现的小瑕疵要及时更正，而不是揪住不放。

第二节　业务团队管理常见的八大问题及解决方法

大学毕业后的吴宏因为对销售工作的热爱，义无反顾地投身到了快消品行业，如今已有十二年。他从基层的理货员做起，一直做到某企业的营销高管，在这十二年的打拼中，吴宏体会到营销工作的艰辛，品尝了销售工作给自己带来的喜悦，收获了销售工作给自己带来的诸多荣誉。用吴宏的话来讲："销售是一项充满挑战性的工作，销售工作非常辛苦，但是，销售工作确实可以给人时时带来成就感。"

在吴宏看来，销售管理的核心是对业务团队的管理。业务团队管理的好坏决定一个企业的发展是否顺利。结合多年的工作经验，吴宏认为销售团队的日常管理要解决的是人的问题和执行的问题，而这需要做好两方面的工作：一是销售人员的过程管理工作，因为销售工作以结果论英雄，而好的结果一定需要好的过程来保证；二是销售人员的待遇问题，待遇是稳定销售人员的最好手段，而人员的稳定是营销工作发展的基础。吴宏结合快消品行业的特点和现状，总结了业务团队管理八个常见问题，并给出了解决办法。

问题一：新业务员经验不足，老业务员动能不足

新招业务人员经验少，但冲劲十足，点子多。而老业务人员虽然经验丰富，却往往循规蹈矩，创意不足，主动性不强。

分析：老业务人员在经过一段时间培训、学习和实践之后，会形成一定的"制式思维或固定思维"，工作内容和环境的固定更强化了这种"轨道效应"，虽然经验丰富，却没有新想法，"斗志衰退，老气横秋"。而新业务人员带着其他领域的知识和体验，面对一个新的工作内容和环境，加上思想活跃，自然可以蹦出许多"火花"。

解决办法：利用"鲇鱼效应"，激发团队战斗力。对新业务人员要善加引导，激发他们的动脑能力，对好的想法及时予以肯定表彰，保护新人

的建议欲望；利用“鲇鱼效应”，激发老业务人员的动脑意愿和干劲。同时，要防止新业务人员“得意忘形”，避免新、老业务人员产生矛盾。

小提示：有对比才有伤害，是骡子是马拉出来遛遛。

问题二：业务人员主动执行的动力不足

分析：最贴近市场、了解市场的是业务人员，一切策略的执行者也是业务人员。如果一线业务人员能参与制订企业营销策略，不但会使计划更完备，还可以激发业务人员的成就感和责任心。

解决办法：业务人员执行“自己制订的策略”时，自然会少些借口，多些主动。具体做法是：

（1）广开言路，集思广益，全员管理，全员参与，要鼓励业务人员大胆提出方案。

（2）建立市场资讯收集渠道，及时掌握市场信息。

（3）培养业务人员的企划、业务等技能，提高业务人员动脑能力。

（4）主管先提出营销策略的思路及草案，再召开讨论会，让业务人员畅所欲言，修正不足之处，达成共识。

小提示：侧耳听智慧，专心求聪明。

问题三：团队目标不明，信心不足，不会干

分析：业务人员之所以感到茫然，是因为能力、经验所限，对策略不能深入理解，对执行方法、步骤等没有清晰思路。

解决办法：企业策略传达、任务分解和布置时须考虑以下因素：

（1）任务描述：任务目的、任务内容、任务目标（量化）。

（2）资源描述：人力资源、设备投入、资料支持、起止时间。

（3）过程描述：任务细分及每项分任务的任务描述、资源描述。

（4）检核：参考过程描述中对各项分任务设定的目标，制订各分任务检核标准（量化），明确检核负责人、执行人，明确检核时间（跟踪监督）、方式、结果（量化）和反馈渠道；

（5）奖罚：针对各分解任务的检核结果制订量化的奖罚标准。

小提示：工作有目标才会有前进的方向和动力。

问题四：团队缺乏完善的制度，纪律松散、效率低下

分析：每一个人都有惰性，当业务人员出现失误、撒谎、偷懒等现象，首先应该反思的是各级主管，制度给了业务人员犯错的机会。

解决办法：制度的建立是为了规范员工行为和明确工作职责、流程，是高效工作的保证，也是全员需要遵守的公约。具体做法是：

（1）建立考勤、日常行为、办公室及会议室纪律等基本的管理制度。

（2）建立日常业务管理制度：主管应充分熟悉每位业务人员的工作内容及容易出现的漏洞，形成日常业务管理制度的初步思路；召集业务骨干完善和制订日常业务管理制度的框架；召集团队的全体人员确定管理制度内容草案，包括业务人员日常工作的规范及督办、复命、检核、奖罚细则。

（3）制度的建立是一个系统的工程，需要在实践中不断修正和完善。

小提示：好的制度让人变得更好！

问题五：主管事无巨细，琐事缠身，业务人员却逍遥自在，工作漏洞百出

分析：主管事无巨细地插手和步步紧跟的检核，不给业务人员留一点

自主空间，会逐渐养成业务人员的依赖性。对有能力、有上进心的业务人员而言，这种禁锢式的管理会使他们感到压抑和厌倦。

解决办法：一个高明的管理者会根据下属的能力大小、性格特征，授以相应的自主空间，向他们要结果，而不再跟催执行过程中的细节。同时，提拔部分有上进心、有能力的业务人员，授以一定权限，让他们完成大量琐碎的管理事务（比如零售线路检查、订单核实），不仅可减轻主管的负担，也会使业务人员感到被重视、被尊重，获得成就感。这种心态下的业务人员就会积极、主动、负责地思考和尝试把工作做得更好。具体实施步骤有以下几点：

（1）熟悉业务人员，分析每个人的性格特征、能力、潜力，考虑针对不同业务人员的授权方向。

（2）依据个人不同潜质，对每位业务人员做出岗位职责描述。对有积极性、有能力者，提升为基层业务主管，适当增加奖金，授以一定的管理权限，让他完成相对琐碎的管理（尤其是检核）工作；对无积极性、有能力者多沟通，激励其上进心，安排他做有难度、具备挑战性的工作，直接向主管负责；对有积极性、无能力者，肯定其成绩的同时告知其技能上的不足，激发他的学习欲望，同时辅以必要的培训，安排他做相对具体的工作，多鼓励，少斥责；对无积极性、无能力者则以命令为主，要及时检核、督促、奖罚，以观后效。

（3）务必讲清楚期望的结果、检核制度及奖罚标准，一定要明确每个人授权的范围，避免出现位阶混乱和失控的情形。

（4）询问下属工作意见，修正指令，表示会在工作上及时支持。

（5）放权让下属们各司其职去工作，同时加大培训力度，密切关注发展情况，多在沟通、检讨、培训上下功夫，使其感到自己有足够的自主空间，从而真正激发其责任心、积极性和成就感。

（6）视授权后的效果调整授权范围。

（7）一丝不苟地执行检核、督办、反馈和奖惩制度。

小提示：把“让我干”变为“我要干”最好的办法就是授权。

问题六：业务人员的执行力太差，上级指令的落实结果总是不尽如人意

分析： 只有尽快提升业务人员的工作技能，才能提升团队的整体战斗力。主管们都有自己宝贵的经验，要把这些经验技能复制给部下。

解决办法： 加强培训，营造积极向上的学习气氛。具体需要做的工作是：

（1）主管要培养学习和总结的好习惯，一方面学习理论知识充实自己，另一方面勤于思考，把自己的实务操作经验写下来，积少成多，反复使之固化为实战经验。

（2）培训应该成为日常工作的内容，培训时间要制度化，培训前主管要经过充分准备。

（3）加强培训工作，培训内容以实战经验为主，避免空洞的理论说教，鼓励业务人员将各自的经验与大家分享。培训过程注意研讨气氛，避免填鸭式的单向沟通。

（4）培训结束后对培训内容要进行考核，辅以奖励措施，强化培训的效果。

> 小提示：一个高效的团队首先应该是一个学习型的组织，培训永远是企业回报率最高的投资。

问题七：对主管诸多抱怨，甚至时刻准备跳槽

分析： 诸多因素影响着业务人员的心情，也许是对工作不满，也许是对主管管理方式不能接受，也许是对薪酬不满。业务人员有好的心情，工作才会有好成绩。

解决办法： 主管必须正确对待员工的抱怨，采取有效的激励措施激发业务人员的积极性和潜能。具体需要做的工作是：

（1）通过准确的人员岗位描述、严谨的执行细则、合理量化的工作目标，以及督办、检核、奖罚制度，使业务人员清楚自己该干什么，怎样干，能获得什么。

（2）通过合理的分配机制使表现优秀的业务人员感到被重视，劳有所得，使落后者看到差距，感受到压力，认识到自己还有提升的空间。

（3）让业务人员参与决策过程，增加他们的成就感。

（4）通过培训使业务人员感到自我能力得到提升。

（5）设定稍高一些但可以完成的工作目标，激发业务人员的潜能。

（6）及时表彰业务人员工作中的每一点成绩。

（7）关心业务人员的生活，坦诚相待，勤加沟通。

> 小提示：主管的人格魅力是最有力的激励工具。

问题八：业务人员不服从指令，要么有意消极对抗，要么明目张胆地顶撞

分析：业务人员对主管的服从，一方面是出于对奖罚手段的忌惮；另一方面是出于对主管个人的尊重和佩服。如果主管过分谦和，业务人员会无所忌惮，从而滋生不合理的期望和习惯；如果主管过分严厉，业务人员常会认为受到不公平的处理而又不敢申诉被迫服从，结果就是员工的消极对抗和离职率升高。

解决办法：领导力针对的是团队而不是个人，销售管理者要想“令下如山”，一要塑造自己的威信；二要掌握命令的艺术。

> 小提示：影响力是让人服从的最佳方式！让业务人员害怕你，不如让业务人员佩服你。

第三节　影响团队执行力的九个问题与破解办法

很多快消品的营销管理者经常遇到这样的问题：营销的政策和计划都很周详，但业务团队在落地执行时却大打折扣。究其原因，主要是许多企业找不到把执行力落实到位的方法，没有把执行力从计划、想法变成行动。

执行力就是把想法变成行动，把行动变成结果的能力。执行到位的三大关键要素：一是快——要有速度；二是准——要有准确度；三是狠——要有力度。具体到团队执行力的方面，除了要落实好三大关键要素外，还要解决影响执行力的九个主要问题。

问题一：管理者领导力不强，团队就是一盘散沙

狮子和羚羊的故事人人知晓，作为团队管理者，你是狮子还是羚羊？团队管理者首先要反思一下自己的做事风格。如果你是狮子型的领导，那么你的领导作风会感染团队成员，你的气场会镇住你的团队，不怒而威，团队的执行力自然不差。你若是羚羊型的领导，在团队中没有威信和分量，你讲的话，安排的事情，在开端就会出现打折，执行更是打折。

破解方法：管理者自省，强化领导力。

具体方法：作为团队的核心领导，管理者建立自己的威信和领导力是搞好团队执行力的前提。建立的威信和获得领导力的方法有很多，比如有成功的市场操作经验，带头做一件典型有难度的事情，为员工解决实际困难，等等。

小提示：提升团队的执行力，管理者的领导力很关键。

问题二：团队人员责任心不强，一切都是空谈

执行力的落实，首先要有强烈的执行意识和责任心。如果管理者没有强烈的执行意识和责任心，就会养成只下达任务、发号施令的“伪领导”作风，出现上有政策、下有对策的现象，严重影响企业的发展和运营，危害企业与员工的切身利益；员工如果没有强烈的执行意识和责任心，工作态度就会严重缺失，工作动能就会不足，不能真正落实好工作任务，凡事遮遮掩掩，企图蒙混过关，不干实事，最终导致企业的目标无法实现。

破解方法：修心管理，让执行更有灵魂。

具体的方法是：修心管理，即修炼团队的责任心和敬业之心，消除销售团队成员不正确、消极的人生观和价值观，让富有激情和向上的思想影响他们。对团队进行宣导，阐述为什么要来到这个团队，这是个什么样的团队，个人需要付出什么样的努力，让销售团队成员有责任感，并获得成就感，认同团队的价值观和成长观。然后告诉他们在团队可以拥有成长的机会（学习销售实战知识）、晋升的机会（成为团队领导）、薪资的递增计划（优秀的团队成员会提高薪资）、考核的警示（执行力和学习力差的人员同样会降职、减薪，甚至会被请出团队）。这样的宣导和沟通会让团队的过程管理更顺畅，由“我要你们去做”逐渐转换为“你们愿意去做”。价值观的改变，加上过程管理中的监管和修正，会不断提高团队执行力。

问题三：执行方案烦琐复杂，兄弟们领会不清

在营销工作实践中，我们常常会碰到这样的情况，营销管理者为了体现一个方案的策划水平，将一个简单的方案搞得像一个大的报告，面面俱到，感觉全是重点，结果因为重点太多，有太多的活动要去执行，反而让业务人员发蒙，不知道该如何去做，最后活动执行得很差，没达到销售效果，也没达到形象效果。另外，很多管理者为了强化对营销团队人员的过程管理，要求一线业务人员填写很多表格，但报表的设计很复杂，要求很多，内容繁杂，结果业务人员疲于应付，没时间工作。

破解方法：简化方案，说明白，弄清楚！

具体解决办法：一、将方案制订得尽可能简单，而不是“故弄玄虚”，“吓倒下属”；二、如果该项方案确实十分重要，必须面面俱到，也要进行合理分解。分解后才能分工，才有执行的可能性。

小提示：简单的东西才可能有好的执行！

问题四：执行时间仓促，执行延期无弹性，时间观念差

时间期限是执行力中的一个很关键的问题。对于很重要的执行活动，需要在规定期限内完成，取得好的效果，结果很关键，但不能只靠严格考核来推动，执行时间要有弹性。

破解方法：时间就是命脉，内部设置弹性时间。

具体解决方法：首先，对于需要在规定时间内完成的工作，主管领导可以提前将任务布置下去，这样团队成员就可以先动起来，如果在实行期间有人没有达到执行的标准，再另外给予两天时间，最后的结果可能会好。就怕领导急匆匆地通知一件事情，然后规定的期限很短，几乎很难完成，不排除能力强的人员吃点苦，紧巴巴地完成执行活动，但团队中不是每个人都是“孙悟空”，“沙僧”和“猪八戒”该怎么办？其次，管理者进行有预见性的布置，给自己整改留一点弹性时间，也给个别能力差的员工留一点弹性时间。

问题五：活动执行无指导，没有持续追踪

好的执行活动并不是安排下去就完事了，首先员工不具备领导者的思维，对于管理者安排的工作没有正确的认识，不知道该怎么干，先干什么，后干什么，分什么时间段完成。其次，有清晰规划的员工不是很多，即使员工能自己规划，也不尽科学，效率不高。

破解方法：边做边指导，不脱离群众。

具体解决办法：一个方案出来后，首先，管理者要对员工进行一次培训，指导他们怎么干，怎么能干好，这是提高执行力的关键。

小提示：指条明路让他们去做，比他们盲目探索更重要。

其次，要做好追踪工作。由于管理者日常事情安排较多，在安排执行活动以后容易出现没有持续追踪的情况，比如半个月期限要完成的事情，很有可能是开始布置的时候提醒一下，临近时间期限的时候再追踪一次，当团队很成熟的时候，可能提醒一两次足矣，但大多数的团队还不成熟，分不清轻重缓急的人大有人在。如果管理者没有时间，也需要安排一个人关注执行的进度，给些压力，保证在活动期间高效完成执行活动。

执行力的提高不仅仅是员工的事情，也需要团队管理者自我反思，修正管理层面的隐患，自然也会推动执行力的有效提升。

问题六：目标设定不合理，缺少监督和考核机制

管理者如果不进行深入调研，而是通过一些简单的预测，加上良好的愿望就把目标确定出来，不是严重超出实际，就是低于实际发展的可能性。由于目标既缺乏科学性，又缺乏实际性，目标就成了摆设。即使有了目标，如果缺乏相应的监督考核和奖惩机制，很容易造成鞭打快牛现象，或者成为员工吃大锅饭的借口。

破解方法：科学设定量化目标，定期监督，检验结果。

具体解决办法：第一，目标的设定要量化。比如年度销售任务是200万元，量化这个目标，就是月度的目标是多少，老产品和新产品的销售占比各是多少……有了量化的目标，追踪起来也更直观；第二，目标的设置要科学合理，分解目标要有方法。目标的制订一定要有合理性，除了要确定完成时间外，还要有可实现性，一个无法完成的指标只能叫数字，没有任何实际意义。同时，在目标进行分解时，也不能简单地加以平均分配，

目标分解要与资源支持等匹配；第三，加强追踪和监督，迅速整改。没有进行过程的追踪和监管，业务员就不知道自己干得对不对，结果就会不尽如人意；最后，做好考核和奖惩机制。没有考核，就没有判定执行结果的标准；缺乏奖惩的机制，员工就会失去追逐的动力。建立必要的考核和奖惩机制，目的是让目标的实现更有可能性。

问题七：销售管理者个体能力弱，工作能力差

有的企业有着明确的规章制度，各种各样的保障机制一应俱全，但还是没有使执行力落到实处，有的是执行结果大打折扣，有的则面目全非。其原因不是制度存在问题，而是领导者或执行者缺乏一定的专业化知识与操作能力。

提高执行力，需要清晰灌输执行内容，深刻了解活动内容，进行要点传达。销售管理者首先应该明确知道执行活动的重要性，才能将活动的信息完整地传达给下属，让下属重视活动。如果销售管理者自己也是草率地一带而过，业务员就会草率地一听而过，活动肯定执行不好。

破解方法：铸造样板，复制执行，提升氛围影响力！

具体解决办法：销售管理者要亲力亲为，和团队一起操作几家门店，把标准做出来。比如销售管理者或主管可以带队在一家卖场或零售点建立一个最佳的标准陈列，把活动执行标准的每一个细节都体现和展示出来，强调“不可或缺”性，让团队成员知道标准是什么样的，该如何做。再让每个团队人员现场学习样板店的执行标准，严格复制。可以将主题活动的标准拍成照片，操作要点打印成文字，让销售团队在其他市场按此标准执行。久而久之，团队便会养成按标准办事的好习惯。

问题八：倚老卖老，压力不大，动力不足

团队中一群老业务人员往往把所负责的区域看成是自己的地盘，“我的地盘我做主”，针扎不进、水泼不透，搞小团体。不管是来自上级的指示，还是来自平行部门的决策、意见，必须经他之手，他的能力和动力决

定了企业当地市场业绩的好坏。有了这样的人，执行就会不畅。

破解方法：引入新人，激活团队，优胜劣汰。

具体解决办法：首先，营销团队需要定期引进新人，让团队有紧迫感；其次，树立榜样，优胜劣汰。管理者可以树立优秀新人作为榜样，这样无形中会对团队原有成员产生冲击，逼着他们转变思想。唯有做得更好，才可以保留职位，否则就会被淘汰出局。

问题九：虎头蛇尾，只安排工作不看结果

很多时候，活动在执行前是“大张旗鼓”，动员会上“热火朝天”，方案完备，计划周详，目标很明确，在执行过程中也进行了必要的监督和跟踪。但是，最终要实现什么结果，没有人去关注，对于产生结果的原因，也没有人去分析和总结。下次再开展相关活动时，依然是“老调重弹”。

破解方法：善于总结，有始有终。

具体解决办法：销售活动结束检核后，管理者要及时召集大家开专项总结会议，回顾与分析工作过程的得与失，兑现奖惩，这样可以“稳定军心”“凝聚军心”，使团队更专业地做好下一次的活动。

第六章

营销团队管理——挑战篇

第一节　快消品团队的管理现状和挑战

人员素质不高、稳定性差、业务水平参差不齐等，是快消品企业的老大难问题。尤其是很多老员工，因为薪酬、家庭因素、发展愿景等原因，纷纷选择跳槽或者自己创业。为了解决团队断档问题，很多企业加大新团队的培养力度。但是，新团队的用人成本较高，因此，如何把新人选对、培养好、用得好、留得住，成为企业管理者最关心的问题。

一、销售团队管理存在的三个普遍问题

第一，结构设置不当。销售目标的确定、销售的组织形式（是按产品划分，还是按客户群划分，或简单按区域划分）和流程的搭配（到底什么时候和技术部门配合，什么时候向其他部门申请，应收账款怎么协调控制）都属于结构设置。如果结构设置不当，就会产生诸多方面的问题。

第二，过程控制不佳。销售人员的管理工作主要有三个方面，即招聘、培训和管理控制。如果对这三项工作把握得不理想，也就是过程控制不当，就容易产生问题。

第三，团队的评价和培训存在问题。在对销售人员评价之后，应该针对不同人员采用不同的做法：哪些人应该培训辅导，哪些人应该激励，哪些人需要继续观察，哪些人应该调整岗位或辞退等。不然，团队就无法获得成长。

二、团队新任管理者面临的挑战

第一，过去的成功无法复制。管理是一门科学，它有成套的理论，有一定的规律可循，管理又是一门艺术，如何更好地调动人，调动团队的力量去完成企业的目标都需要具体问题具体分析。而很多新晋升的团队管理者，自己做销售代表的时候可能是个好手，但当自己做了团队的领导，反

而有点手忙脚乱，甚至力不从心，无从下手。

第二，个人角色转换的适应。作为新任营销主管，一定要针对自己的专业状况，尤其是自己的专业短板，比如营销理论、经营管理能力等方面的不足，及时进行“恶补”，要让自己的理论水平、管理能力高于下属。拥有这些知识与能力仅仅是打造团队的第一步，还要通过会议、培训、内部交流等沟通方式让下属了解你的能力水平。没有水平就没有威信，没有威信，团队自然很难管理。

虽然管理者有很强的能力，但也不能总是自己上阵搏杀，因此要懂得教下属做市场，比如如何开发市场，如何做销量，如何与客户沟通，异议处理方法与技巧，促销策划与执行。除了管理者自己，还要组织团队中有能力和经验的老员工对新员工“传帮带”，迅速提升业务团队的整体作战能力。

第三，团队管理的再学习。新任营销主管要带头遵守企业的规章制度，切不可一个制度两个标准，比如自己违反制度不主动接受处罚，而下属一旦违反制度就揪住不放，这样就很难服众。

一些老员工由于固有的习惯、惰性等，目标难以有效达成。对此，作为新任主管，既不能感情用事，将其“扫地出门”，也不能姑息纵容不追究，可以通过考核手段来鞭策后进，激励先进。比如，在做团队管理时，在每月销售大会上，让优秀的员工现身说法传授经验，业绩差的员工也到台上讲述失败的原因。当然，在考核当中，可以多用正激励，少用负激励，人都喜欢被表扬和鼓励，鼓励比批评效果更好。

对于下属，新任管理者除了用制度约束、考核激励外，还需要用情感去感染他们，比如多关心下属的工作与生活、节假日主动发条祝福短信、组织丰富多彩的团队活动等，与下属建立情感沟通，可以大大增强下属对于团队的凝聚力、向心力。

第四，过去的管理方式失灵。现在是新媒体营销时代，除了运用传统的管理方法，还要使用新媒体管理工具，面对90后的新人，要使用新的管理语言，总而言之，新时代带新团队必须用新型管理方法，形成更适合新团队和企业特色的管理模式。

第二节　了解90后营销人员

A食品有限责任公司最近因业务量增长，需要扩大规模，急需招聘一些新员工，其中包括一线业务人员、销售主管和区域经理。通过招聘网站和内部微信平台系统等途径招聘人员，公司人力资源部花了几天时间挑选，终于完成招聘工作。招来的业务人员小杨是一位从国内知名高校毕业的90后大学生。对于小杨的加入，A食品有限责任公司销售负责人刘经理感到非常惊奇，小杨是国内知名高校的毕业生，而且家境不错，上班开的车是宝马。按刘经理的想法，小杨作为一名普通的一线业务人员，目前一个月收入就4000元左右，差不多只够油费和停车费，难道小杨上班只是为了消遣?

除了要做好一线业务的基本工作，小杨还要兼做些社区推广等琐碎事务。头几天，小杨表现还不错，工作也比较积极主动，这让刘经理感到欣慰。很多管理者感叹：好员工太难找了！如今肯踏实做事、沉下心来工作的年轻人真不多，大多数人心浮气躁，这山望着那山高，不愿付出，却渴望收获更多。所以，家庭背景不错的小杨能安心在A公司的一线岗位上工作实在难得。于是，刘经理开始对小杨进行培养，为此他给小杨安排了更多事，而且都是些琐碎事务。凭他的经验，如果小杨能安心做好这些琐事，将来会是公司的可用之才。

时间是考验人的试金石。虽然小杨很努力地完成着公司安排的工作，但随着时间的推移，小杨的积极性明显下降。不知是对工作不满还是对公司不满，小杨脸上的笑容越来越少，抱怨也越来越多，工作也是拖拖拉拉，开始找种种理由推辞。刘经理以为是小杨在工作中受了什么委屈，于是他请办公室主任找他谈话。结果，主任的回复让他大失所望。

其实，小杨大学毕业后，在家闲了一年，因为无聊所以才来A公司应聘。他原本只是想找个不太累、竞争也不激烈的工作，没想到A公司的工作量不小，超出了他的承受能力。现在他受不了，准备辞职。听了这样的说辞，刘经理感到无可奈何。

上述案例，初看起来，好像问题在90后员工小杨，但仔细一想，刘经理才是问题的核心，因为他还在用以前的方式来管理现在的90后员工。

不管管理者愿不愿意，90后员工成为企业的生力军已经是不可逆转的趋势。时代的不同、生活经历的不同、人生阅历的不同导致思维、观念的不一样。现实中90后员工的职场理念频频将60后、70后以及80后的管理者“雷倒”。过去的管理方法正在失灵，曾经的成功经验开始失效，90后员工的独特个性和想法正在悄悄地改变着职场规则。

1. 赚钱不是最重要的，工作只是一种生活的方式

很多60后、70后，乃至80后的员工把工作当作头等大事来做，工作既是养家糊口的经济来源，也是实现人生价值的重要途径。而很多90后员工认为工作只不过是他们生活方式的一种选择，只是展示自己能力的舞台，或是积累自己能力和资本的跳板，反正赚钱不是最重要的，薪酬的高低比不上“我乐意”，今天想工作就工作，不想工作马上辞职不干。有人甚至将工作当作一个消磨时间的东西，正如上述案例中的小杨一样。

2. “规则”不是最重要的，认同才是执行的动力

60后、70后乃至80后的员工会把按照公司的规定行事作为职业要求，只要是公司提出的、领导分配的工作任务，绝大多数时候都会不折不扣地去完成，即使不认同领导的思路或方法，也会出于对领导的尊重将工作完成。而很多90后员工则不接受所谓的“规则”，他们常常会提出质疑。相比按照公司的规定行事，他们会随大流去做目的和意义不明确的事，他们认为有理有利的才去做，而没道理、没利益的很可能不做，或表面做但实际打折扣。

3. “群体”不重要，自我才是我想要的

60后、70后，以及80后的员工很多时候为了遵守规则或为了服从于规则而将自我放在次要位置，在群体或团队的价值实现过程中获得自我的价值。而90后的员工则更强调自我的个性，很多时候都是以自我的价值观或标准来衡量一件事情是否值得去做，一个规则是否值得去遵守，往往是在追求自我价值实现的过程中顺便促进群体或者团队价值的实现。

4. “职位”不重要，平等尊重才重要

受生活和成长环境的影响，60后、70后，以及80后的员工对于职位和等级有着一种自然的认可，并且自觉地服从，也看重职位所带来的种种利益，对于职位追逐成为其工作的一种核心动力。而90后普遍早熟，有着极强的权利与契约意识，不太看重职位与级别的高低，不喜欢等级森严的职场等级制度，不愿意被保守的管理模式所控制，也不会因为你的职位高而对你绝对服从，他们需要在平等和尊重的前提下进行沟通。

5. “改造”不重要，理解万岁

很多60后、70后甚至80后的员工进入职场后所面临的第一堂课就是企业的培训，在随后的职业生涯中还会接受各种不同的培训。要么是培训员工的团队意识，要么是灌输企业文化……这些培训就是培养员工对企业的归属感。而在物质充裕时代，伴随互联网兴起而成长的90后吸收了大量的信息，有着自己的判断，更愿意相信自己的判断，很难理解忠诚于公司的概念，更别说用经验与思想去“改造”他们。与其“改造”他们，还不如静心聆听他们的声音，走入他们内心去理解他们。

面对90后，如果我们仍沿用传统的方式来管理他们，注定管理失效，企业管理者需要做的就是调整和改变管理方式。

第三节 如何管理90后的营销人员

40多岁的老苏是一个不折不扣的70后，在其负责的销售公司里管辖近百个人，其中有70后、80后，也有被人们称为“毁掉一代”的90后。很多人感叹：“遇到90后，我十几年的管理经验要清零了！”甚至个别管理者视90后为“洪水猛兽”。身为70后的老苏却不这样认为，他说道：“江山代有才人出，一个团队只有新人层出不穷，营销工作才能更有创造性，企业的发展才能更好。如今70后、80后在体力和精力上都在走下坡路，而90后的加入如同给发动机加油，营销团队的活力一下就提上来了。”

虽然如很多人所说，90后有着各种毛病，但老苏在团队管理过程中一直视90后的业务人员为宝。老苏常说的一句话是：“这些90后的小朋友们从小都是泡在蜜罐里长大，没受过什么苦，如今能进入我们企业从事一线业务工作，本身就很不容易，比那些啃老族强多了，至于他们在工作中出现问题也是难免的，我们自己也是在各种错误中成长起来的。他们的现在就是我们的过去，他们成长起来了，我们的工作才更有希望。而且，这些小朋友加入团队带来的不仅仅是问题，更带来了活力和闯劲，和他们在一起，我们也变得年轻了，他们的成长也激发着我们不断努力！”

在老苏的带领下，这样一个混杂了70后、80后和90后的团队，成员间不仅相处非常融洽，而且表现出勃勃生机。90后成了整个团队的有生力量，很多人还陆续成为独当一面的能手。团队的90后更多地把老苏当成自己的朋友和亲切的家长。私下里，这些90后亲切地称老苏为“老同志”或者“大叔”。在他们的眼里，老苏身上有着很多和其他领导不一样的地方。

90后美女张扬说：“老苏这个老同志没有其他领导的‘脾气’，非常能理解我们，在工作中从没有因为我们年龄小而不重视我们，很多工作都是和我们大家一起商量，鼓励我们每个人充分发表自己的意见和想法。当我们工作出现了问题，老苏不会一下就否定我们或进行批评，而是在对我们工作问题进行指导后，继续给我们机会，让我们在实践中成长。”

帅哥朱海龙说：“老苏这个大叔每天见到我们都是乐呵呵的，在闲暇之余经常和我们开玩笑，问我们谈对象了没有，甚至还会给我们传授一些经验，一点也没有领导架子，像一个邻家的大叔。”

90后的市场部经理张小山则是这样评价老苏的：“苏总在工作中是我的直接上级，而在私下里则是我敬重的一位兄长和前辈。我多次在工作中出现失误，苏总首先做的事情是将问题揽过去，认为是自己管理出了问题，虽然在对我批评的时候也非常严厉，但仅限于工作。在我工作碰到问题，情绪低落的时候，苏总会在私下里和我进行沟通，帮助我解决工作中的问题。空闲下来的时候，他会拉我喝个小酒，在酣畅淋漓的状态下聊工作，拉家常。”

对于这些小朋友的评价，老苏非常享受。看到如今团队欣欣向荣的局面，老苏非常欣慰。那么，到底老苏有什么绝招，得到了这些90后认可？

老苏总结了以下两点经验：

一、正确认识，看90后的长处

其实，90后自信、进取，有抱负、重视学习。管理者只要引导得法，激励有方，90后所发挥的作用将是不可估量的。用老苏的话来讲就是：“这些90后的小朋友们还是非常有想法的，引导好了，这些小朋友同样也是非常厉害的，干起工作来一点也不比70后和80后差。作为70后或者80后，需要做的是不要把90后的小朋友‘标签化’，不要戴着‘有色眼镜’或‘放大镜’看待他们的问题，而是要学会‘睁一只眼，闭一只眼’，睁眼看他们的长处，找他们的优点，闭眼则是屏蔽他们与工作无关的缺点和问题。只有这样，才能更好地认识他们，从而去接受他们。”

二、相处有道，管理有法

“年龄上的差异是不可更改的事实，跟这些小自己几岁，甚至十几、二十岁的同事相处是一门艺术。”老苏认为，和90后打交道，对他们进行有效管理需要做到以下几个方面：

1. 鼓励比批评更有意义

90后员工个性很强，在工作中往往因自己的“小情绪”而成为管理的“麻烦制造者”，加上工作经验欠缺，工作中总会问题不断。要是处理不好，很容易“鸡飞蛋打”。作为管理者，首先需要做的事情是找出问题的所在，帮助他们认识到问题的根源，引导他们去修正和调整，而不是批评和指责；对于他们工作中一点细微的提高和改善要予以肯定并及时鼓励，一句“干得不错”“这件事处理得非常好”更能激发90后的激情，让其重新焕发斗志。

2. 接受比改造更重要

很多管理者对90后员工有很多成见，比如不能吃苦、眼高手低、合作性差等。于是，试图用自己的经验与思想去改造他们，让这些年轻人去适应自己，这样做的结果只能是费力不讨好。90后大多是独生子女，从小就受到家庭的呵护，成长在一个自由自在的环境里，他们不愿意总听管理者的唠叨和喋喋不休的说教！他们认为，“为什么不能理解我们，一定要按照你们的方式去做呢?”作为管理者，与其想着如何改变90后，不如从改变自己开始，敞开胸怀，到他们中间，试着去了解他们，探寻他们的内心世界，用他们能接受的方式与他们交流，让他们自觉自发地改变。

3. 佩服比权威更有效果

90后是聪明的一代，也是非常自信的一族。他们会根据自己的判断，去接受你的某些观念与行为，但绝不会因为你的年龄与资历而绝对地服从于你。以过去命令式的“军事化”管理方式管理他们，即使他们表面选择顺从，内心深处可能早已产生极度抗拒，当有一天他们忍无可忍时，就会如火山爆发一般进行反抗。若想实现较好的管理，管理者必须努力成为一个具有号召力的领导者，努力把自己打造成魅力型的管理者。在工作方面，让他们佩服你的专业能力；在生活方面，你要平易近人，以亲和力去吸引身边的90后，让他们愿意亲近你。他们的佩服和信任远比服从于管理者由权力所产生的权威更重要。

4. 行动比说教更有作用

营销是一件实践性很强的工作，需要的不仅是体力和知识，还有实践经验和实际动手的能力。对于90后而言，他们不欠缺体力和知识，欠缺的是知识实践的经验和操作的动手能力。因此，作为管理者，说一百遍不如带领他们去做一遍。如果你总是用你的经验指挥他们，没有带领他们进行实际操作的话，结果可能会很糟糕。

5. 谈心比命令更有价值

90 后员工有很强的自尊心，他们需要的是平等和尊重，有时他们宁愿失去一份工作，也不愿容忍自己的尊严被伤害。因此，管理者应该改变高高在上的命令式态度，以平等心态给予其足够的重视和认可，采用商量的方式布置工作任务，以谈心的方式去解决工作中出现的问题，让他们能够畅所欲言，提出自己的想法。

第七章
相关制度、工具模板

工具一 营销人员行为规范

营销人员是营销工作的主力军，是公司销售工作的主要承担者，营销人员的服务对象是客户和终端零售网点，他们的基本职责是建立、开拓、维护和管理客户与终端零售网点以及完成各项考核指标。

一、营销人员应具备的理念

（1）营销人员应具备的价值观念：有创造才能拥有，有奉献才有收获。

价值观是处理个人与社会之间关系的根本标准和取舍方法。我们的价值观是“先奉献后收获”“靠自己的勤劳与智慧发展致富”“守法经营，合理回报”等。

（2）营销人员应具备的人生观：创造创新，终身学习。

生存的意义在于创造，生命的过程就是一个不断充实、完善、提高、超越自我的过程。因此，我们以此为人生观，倡导建立一个学习型组织。

（3）营销人员应具备的敬业精神：企业如家，公私如一。

敬业精神也就是对本身职业的尊重，敬业必须与乐业两者相辅相成。公司的发展就是自己的发展，公司的停顿就是自己的退步和失败；企业就是自己的家，企业的利益就是自己的利益。

（4）营销人员应具备的服务意识：四全服务——全心全意、全员、全面、全过程。

全心全意：营销人员必须是发自内心地将顾客作为自己的衣食父母，因真诚的感激而愿意全身心地为顾客服务。

全员：一个企业的服务品质靠一个人或一个部门是难遂人愿的，它需要的是企业中的每一分子都参与到顾客服务的大军中来。

全面：我们的服务不是浅尝辄止，而是全方位的服务，不仅仅是提供产品服务，还应提供培训沟通等方面的服务。

全过程：我们的服务包括售前、售中、售后的全过程服务。

（5）营销人员应具备风险意识：严谨细致、运筹帷幄。

营销人员应时刻提高警惕，在做每一件事的时候都应想到隐藏的风险，要透过事物的表面看到它的本质，防止风险事件发生。

（6）营销人员应具备反应意识：迅速反应、雷厉风行。

营销人员在勤做计划的同时，也应考虑到环境是在不断发生变化，原来计划赖以实现的因素已经发生了变化，这时营销人员应具备快速反应的意识，将可能产生的损失消灭在萌芽状态，减小可能给公司造成的损失。

（7）营销人员应具备团队观念：同心同德、众志成城。

公司得以不断发展壮大是全公司各部门员工共同努力的结果，营销人员应坚决摒弃“本位主义”“部门主义”的思想，从全局的观念出发，发挥团队的战斗力。

（8）营销人员应具备的全面知识：顾客知识、产品知识、品牌知识、营销知识。

营销人员应对现有品牌的来源、目标顾客群、产品的规格、包装数、重量、经销价格、物化性能以及产品的创意等有所掌握。

二、营销人员三项注意八项遵守

（一）营销人员三项注意

（1）加强营销服务工作。

（2）加强市场开拓。

（3）强调团队作战、发挥团队作用。

（二）营销人员八项遵守

（1）服从上级的领导及指挥，有不同意见可以保留或在合适的机会提出，但领导的决定必须遵从，并在实际工作当中认真执行，不允许有顶撞领导的行为。

（2）遇到重点、难点问题首先应该积极想办法解决，不向问题弯腰；不能办到或无法做好的再请示领导。遇到挫折不气馁。

（3）受到客户和其他营销人员的质询、责骂，应该以解释和听从为主，严禁顶撞、对骂甚至是对打事件发生。

（4）同领导和员工保持良好的上下级和同事关系，集体第一，团队第一。

（5）一切营销行为从市场一线的客观数据出发，遵守营销流程、尊重事实，不主观意气用事。

（6）在营销过程中不能诋毁企业及领导，营销行为及工作用语不能有损企业形象。

（7）按照企业的规章制度办事，不允许营销人员以各种方式收受馈赠和回扣。

（8）同公司和分公司市场部及其他后勤保障部门保持良好的工作关系，以获得最大、最有效的支持。

三、销售基本功

1. 销售准备

（1）头发是否梳理整齐、干净，有无皮屑？

（2）耳边、脖子、颈是否脏污？

（3）鼻毛是否太长？

（4）胡子刮干净了吗？

（5）衣领是否干净？

（6）衣着得体大方吗？

（7）指甲是否太脏？

2. 如何接受客户的名片

（1）空手的时候要以双手接受。

（2）接受以后应马上过目记住对方的名字，不能随便瞟一眼或者不看就放在一边。

（3）碰到难读的名字或难念的字时马上虚心请教：“对不起，请问这个字怎么读？”

（4）如果同时接受几张名片，则谨记哪张名片是哪个人的。

（5）给对方递名片时，要注意使用双手，食指弯曲与大拇指夹住名片，将名片的名字正向对方，并可以自报家门，说些如“初次见面，请多多关照”之类的礼貌用语。

3. 与客户交谈

（1）要面带微笑。

（2）无论是表达什么还是聆听客户说话，都应注视客户的眼睛，这表明你态度真诚，重视对方。

（3）多赞美对方的长处。

（4）不宜一见面就开口谈进货、回款等直接、生硬的话题。

（5）运用幽默感，讲故事，或者说笑话。

（6）作为最优秀的销售人员，要有能力驾驭广泛的话题，如管理、股票、体育、区域文化等。建议多读当地主要和流行的报纸、杂志，不断对自己进行充电学习。

（7）不要谈的话题：

A. 顾客深以为憾的生理缺陷。

B. 说同行的坏话。

C. 说自己公司、上司或者同事的坏话。

D. 透露别的客户的秘密或隐私。

4. 第一次拜访客户

（1）要有很好的事前准备。带好产品目录、价格表、产品介绍等齐全的工具。

（2）在进入对方办公室后，坐下之前要先问对方：“请问我可以坐下吗?”对方一般会礼貌地表示许可。

（3）在客户办公室，不可吸烟。

（4）对于平时业务繁忙的客户，要养成电话预约的习惯。

（5）对于回访的客户必须成竹在胸，了解其过去的业绩进展和所存在的问题，并能随时说出对方的姓名和头衔。

（6）让上座给客户：

A. 面对大门或过道口的是上座，这在会客室或餐桌上面都是如此。

B. 有扶手的椅子是上座，长沙发是下座。

C. 在咖啡厅里会见客户，靠墙壁的是上座，靠过道的是下座。

D. 在火车上，后排里面是上座。

（7）告辞时和来访时同样恭恭敬敬。

5. 掌握签约的时机

以下迹象表明，签约成交的时机已经到来，不能失去：

（1）频频询问的时候——客户询问产品性能，该产品与同类产品的异同、销售政策等。

（2）请你坐下来说的时候——他已对产品产生了强烈的兴趣。

（3）谈到价钱——如果已谈到价格与付款方式，说明客户很现实地想购买了。

（4）表情、态度发生变化——忽而陷入沉思，忽而表情开朗，反复研究产品目录和样本，且边看边屈指而数时说明客户已认真地考虑购买。

6. 回访

（1）难打交道的客户常会在数次拜访后才成功签约，特别是一些大型经销商和 KA、A 类零售商，他们大多数是用居高临下的态度对待供应商，甚至提出苛刻的交易条件，这就需要我们多次拜访。

（2）每个月的前十天完成当月任务的 50%，这样就可以完成当月目标任务量。

7. 服务

所有的客户都需要优质的服务：促销支持、售后保障、经常回访、业绩奖励，等等。包括对细节和一些不起眼的小事注意，我们要想抓住顾客，就只有在这些服务细节上下功夫。

8. 重视信用

每一位营销系统人员都应该牢记自己代表着公司的形象，在商业往来中我们不可以随便承诺客户，除非有把握兑现承诺。承诺过的东西绝不可以随便忘记，哪怕是回个电话，这是起码的商业原则。

9. 销售意志

销售工作是开始于被拒绝、白眼和冷落的，销售人员必须有顽强的意志和不服输的精神去实现自我，挑战困难。销售对于任何一个企业来说都意味着生存，对于每一个业务人员来说也意味着磨炼与挑战。

10. 热爱企业

只有热爱公司，热爱自己所从事的职业和销售的产品，你才能有愉快的心情去工作，好的心情具有强烈的感染力，它能使你显得漂亮和潇洒，增加你的魅力，从而让更多的人接受你，更好地展现业务人员的风采。

四、如何接听电话

（1）电话铃响三声内拿起电话，主动问候："您好！××××！"或"早上好（中午好、晚上好），××××。"

（2）如果超过三声铃响才接电话，必须先说"对不起"或"对不起，让您久等了"。

（3）接听电话时必须保持足够耐心、热情。注意控制语气、语态、语速、语调，语言亲切简练、礼貌、和气，要具有"自己就代表公司"的强烈意识。

（4）接听电话人员必须专门备有笔和纸，把电话中的主要内容记录下来并进行分类，转交给有关人员，重要的电话记录必须通知主管领导。

（5）要仔细倾听对方的讲话，一般不要在对方话没有讲完时打断。如实在有必要打断时，则应该说："对不起，打断一下。"

（6）对方声音不清楚时，应该善意提醒："声音不太清楚，请你大声一点，好吗？"如果对方是外地人，而他/她的语言你无法听懂时，应该提醒："您的方言听不大懂，能够说普通话吗？"

（7）如果电话打进来，对方要找的同事不在，礼貌的做法是先向对方说明情况，再询问对方名字，请求留下电话号码，并考虑如何处理；如果要求对方不要挂断时，一定要不断向对方打招呼，表示你还在关注这个电话，同事回来后，立即转告并督促回电。接线员要做好详细的电话记录。

（8）转接电话，首先必须确认同事在办公室，并说："请稍等"。

（9）如果谈话所涉及的事情比较复杂，应该重复关键部分，力求准确无误。

（10）谈话结束时，要表示谢意。不要忘了多说“再见”“不客气”“如有不明白之处，请随时来电询问”等话，并让对方先挂断电话。

（11）严禁使用招商和服务热线电话，如果接听私人电话也必须在最短时间内完成，以免影响销售业务工作。

五、营销人员通用语言规范

您好，欢迎光临，我是……（接待用户来访时）

您好，这里是……（接电话时）

这是我的名片，我是……有什么事可与我们联系，我们会尽力为您服务的。

先生/女士（小姐），请问您怎么称呼？

某某先生/女士（小姐），有什么我可以帮助您的吗？

如果您对什么不了解，我可以为您详细介绍一下。

您还有什么疑问，还想了解些什么？

我可以介绍……给您认识，他/她能帮助您解决这些问题。

这是我公司的价格目录，请您过目。

您放心，我们一定会按约定时间交货的。

谢谢，我们这里规定不允许接受用户的香烟。

对不起，我们不允许抽烟，请您到休息室去吸，好吗？

对不起，请您稍等片刻。

不用谢，这是我们应该做的，请您多提宝贵意见，我们将尽我们最大的努力为您提供更好的服务。

真抱歉，因为我们的失误给您添麻烦了，您看这样处理行不行？

您的意见我们会认真考虑的，我们正在不断完善我们的工作。

您的说法可能有些偏激（或有点过激），您可能对我们的产品和销售政策还了解得不够全面，实际情况是这样的……

对不起，您的要求超过了我们的权限范围，等我们请示后会尽快答复您的。

请留下您的电话，以便我们及时与您联系。

请您收拾一下贵重物品，不要遗忘，以免丢失。

谢谢您的惠顾，欢迎再次光临。

六、营销人员行为规范

（1）仪表整洁，统一着装，挂牌上岗。

（2）接待用户时，要表示欢迎，与用户达成交易时，要表示谢意。

（3）会见客户和正式场合一定要着正装，以体现尊重对方，以及工作的严肃性。

（4）当用户来访时，要面带微笑地起身迎接用户。

（5）接电话时，一定要轻拿轻放，要等对方先挂机后才能挂断电话。

（6）接递名片时，一定要用双手，而且在递名片时要将名片上文字朝上的方向对着接名片的人。

（7）用户没有坐下之前，自己不能先坐下。

（8）接待用户时，不许吸烟。

（9）必须严格遵守规章制度及工作流程的要求。

（10）对用户要有问必答，自己不清楚或非自己职责范围内的问题，一定要将用户介绍给清楚的人或相关责任人，在自己职责范围内的事情，不得推诿及敷衍用户。

（11）与自己岗位无关的事情，不要私自向用户作答或承诺，应交由相关岗位人员来解决。

（12）为新用户服务完后，一定要将用户引导到下一道程序的相关部门并介绍给相关岗位人员。

（13）把用户引导到休息室休息时，别忘了给用户倒水，并提醒他/她可以看看有关的产品宣传资料或休闲的报纸、杂志等。

（14）当用户抱怨时，任何情况下都不能与用户发生争执，首先要控制好自己的情绪，保持微笑，耐心地倾听、了解用户的想法，分析用户的心理，然后再设身处地地为用户解决问题。

（15）在任何情况下，均不得在用户面前诋毁公司及公司产品。

（16）在任何情况下，不得接受用户馈赠的任何东西。

（17）当用户离开时，要面带微笑地起身送别用户。

七、营销人员的行为禁忌

（1）营销人员无论在任何场合，与任何人在一起，都不能有贬低企业、企业的领导人和上级的言论，更不能做有损企业形象和利益的事情。

（2）集团内部处于讨论问题阶段时允许营销人员开诚布公地发表自己的言论与看法，如果已经形成决策和决议，各级营销人员必须坚决贯彻执行，否则就是渎职行为。

（3）保持团队作风，不利于团结的话不说，不利于团结的事情不做。

（4）对同事有意见和看法必须当面提出，不允许背后议论和诋毁，也不能乱打各类“小报告”。

（5）营销人员可以越级申诉，但不可以越级汇报。

工具二　员工考勤管理制度

一、总则

为加强管理，督促营销人员自觉遵守劳动纪律，保持良好的工作秩序，提高工作效率，特制订本制度。

本制度适用于营销公司全体员工，请各位员工遵照执行。

二、考勤

1. 公司实行满月工作制，每名业务员每个月可享有带薪假期四天

上班时间为：夏季：10：00－14：00，16：00－20：00；冬季：10：00－14：00，15：30－19：30。

2. 管理办法

（1）员工必须自觉遵守作息时间。行政内勤人员以考勤记录为依据，汇总成个人考勤记录。考勤记录将作为员工个人工资计算、假期计算以及实施奖惩的依据。

（2）外出办理业务的员工须先到公司报到后，方能外出办理各项业务。特殊情况须经理批准，不办理批准手续者，按迟到或旷工处理。

（3）外出办理业务的员工必须事前向经理说明原因，否则按外出办理私事处理。上班时间外出办私事者，一经发现，即扣除当日标准工资，并扣发当月全勤奖。

（4）员工因公出差由经理批示，到达出差地后应及时与公司取得联系。未与公司及时联系或超出出差期限扣除全勤奖，不予报销出差费用。

（5）出差时不打招呼而办理私事者，不予报销此次出差费用，办私事时间将按照旷工处理。

（6）当月全勤者，获得全勤奖金50元。

3. 迟到、早退

（1）迟到或早退10分钟内，一次罚款5元；10分钟~30分钟罚款10元；月累计超过3次（含3次）的扣除当月全勤奖金50元；月累计超过5次，公司将予以书面警告，另行罚款50元；月累计超过8次，公司有权辞退该员工。

（2）因工作不能按时到公司时，员工须事先或在上班前30分钟内告知经理，否则视为缺勤，按相关制度执行。

4. 旷工

（1）未经请假或请假未准而擅自不上班者。

（2）请假期限已满，不续假或续假未准者。

（3）不服从组织调动和工作分配，不到工作岗位者。

（4）一次迟到0.5~2小时内按旷工半天计算，3~5小时按旷工1天计算。

（5）处罚办法：

A. 旷工1日，扣除当日标准工资的三倍，并扣发当月全勤奖，记警告一次。

B. 一个月内累计旷工 3 日（累计 24 小时），半年内累计旷工 4 天，扣除当月基本工资，并且公司有权直接辞退该员工。

涉及罚款内容的上报经理，从违纪员工当月工资中扣除

三、请假

（1）员工无论何种原因请假，均须提前办理请假手续：填写《请假申请单》，并指定职岗代理人，办妥工作交代事宜，按权限报请批准，将批准后的《请假申请单》报行政人员登记考勤，无请假手续自行休假者，按旷工处理。

每年限请假天数累计 20 天，超出规定限请天数，除扣除请假天数工资外，另罚款 50 元/天。

请病假、事假应本人亲自履行请假手续，因生病或急事来不及请假者，可委托他人代请或在上班前 30 分钟内打电话通知经理，事后补办请假手续，报行政人员备案。

（2）病假、事假不足半天的以半天计，超过半天不足 1 天的以 1 天计。

（3）病假、事假、公休每月累计十天（包含十天）以上者按出勤天数基本工资 70% 发放。

（4）请事假、病假，提前向行政部门申请，员工申请事假，要本人提前 1～3 天填写请假单，员工申请病假，要提前或者上班前 30 分钟告知领导，事后补请假条，如没告知公司领导，以旷工处理。

（5）员工在病假、事假期间，应扣工资：

月基本工资 ÷30 天（31 天）×实际请假天数

（6）请假批准权限：

A. 部门负责人有权批准本部门员工 1 日以内的请假申请，并报行政人员备案。

B. 员工、部门负责人 2 日（含 2 日）以上的请假申请，须上报总经理批准，并报行政人员备案。

四、加班

（1）公司提倡员工合理安排工作时间，提高工作效率，在上班时间内完成当日工作。

（2）加班达3~4小时，计加班半天；达6小时以上，计加班一天。

（3）根据工作安排给予员工调休，并交行政部门登记考勤。无法安排调休时，给予加班补贴。

（4）对未完成正常工作任务而自行加班工作的，不计加班。

（5）加班补贴的计算，以基本工资为基础，按照国家有关规定并结合公司实际情况执行。

五、休假

公司每周正常休息日为一天，实行周六、周日两天轮班休息制度。

（1）每周正常休息为计薪假，休息前应与相关人员办理好交接工作，工作交接清楚，方可离岗休假。（新员工试岗期内无调休）

（2）员工休假时因未交接清楚而导致工作失误，由休假者承担责任，视不同程度给予处罚；若是因接手人员的疏忽导致工作失误，则由接手人员承担责任，并给予处罚。

（3）休息期间，休息人员必须保持通讯畅通。

六、法定节假日

法定节假日包括元旦、春节、清明节、劳动节、端午节、中秋节、国庆节等，按照国家有关规定并结合公司实际情况执行。

（1）婚假、丧假。

A. 司龄满一年以上的员工，可申请七天带薪婚假，未满一年可申请三天带薪婚假。（须提供结婚证明）

B. 司龄满一年以上员工的直系亲属（父母、配偶、子女）去世，可申请带薪丧假三天，未满一年可申请一天带薪丧假，如是岳父母或公婆，带薪丧假为1～3天。

C. 符合条件的婚、丧假期间，工资、福利照发。

（2）婚假应提前一周向直接部门经理提出申请，填写《请假申请单》，按批准权限报批，报行政人员备案后方可休假。

工具三 营销人员出差管理和报销制度

第一章 总则

第一条 为加强和规范公司工作人员差旅费管理，本着实事求是、勤俭节约、规范管理、便捷高效的原则，制订本办法。

第二条 本办法适用于营销公司。

第三条 差旅费是指工作人员临时到常驻办公地以外地区公务出差所发生的城市间交通费、住宿费、伙食补助费和市内交通费。城市间交通费和住宿费凭据报销，伙食补助费和市内交通费实行定额包干。

第四条 根据企业规定，结合同行的差旅费管理办法，为严格管理差旅费支出，严格执行出差审批制度，出差必须按规定报经单位负责人批准，从严控制出差人数和天数，严格差旅费预算管理，控制差旅费支出规模，严禁无实质内容、无明确公务目的的差旅活动；严禁以任何名义和方式变相旅游；严禁异地无实质内容的学习交流和考察调研。

第五条 根据经济社会发展水平、市场价格及消费水平变动情况，公司将适时调整差旅费标准。

第二章 出差审批

第六条 员工出差应于出差前在钉钉上进行出差审批，注明出差的事由、地点、时间、人数和主要乘坐工具等。未经核准的出差，其费用不得报支，出勤考核依据公司相关考勤制度处理。

第七条 审核权限：

（一）出差3日内审批如表7-1所示。

表 7－1　出差审批表

出差员工	审核	审批	备案	核准报备	备注
一般员工	－－	部门负责人	办公室		
部门经理级	－－	总经理	办公室		
副职高管	－－	正职高管	办公室		

（二）出差 3 日（含 3 日）以上，均需分管领导审核，总经理审批，办公室备案，人力资源部核准报支。

第三章　城市间交通费

第八条　城市间交通费是指工作人员因公到常驻办公地以外地区出差乘坐火车、轮船、飞机等交通工具所发生的费用。

第九条　出差人员要按照规定等级乘坐交通工具，凭票据报销城市间交通费。未按规定乘坐交通工具的，超支部分自理。公司中层及一般员工随同领导出行或因其他特殊情况需乘坐飞机的，需同行领导签字作为报销依据，报总经理审批。乘坐飞机、火车、轮船的舱（席）位等级标准如表 7－2 所示。

表 7－2　人员出差期间乘坐交通工具标准表

项目 等级标准 职务	乘坐交通工具分级			
	飞机	火车（含高铁、动车）	轮船 （不包括旅游船）	汽车 （不含出租车）
高管	经济舱	火车软席（硬座、硬卧），高铁/动车二等座	三等舱	据实报销
中层或一般员工	经济舱	火车（硬座、硬卧），高铁/动车二等座	三等舱	随行领导签字，据实报销
员工出行原则上乘坐火车，如有特殊情况，需报总经理批准后方可乘坐飞机				

第四章　住宿费

第十条　住宿费是指工作人员因公出差期间入住宾馆（包括酒店、饭店、招待所，下同）发生的房租费用。

第十一条　出差人员住宿费凭票据实行限额报销。按出差实际日历天数计算，超出限额部分个人负担。公司员工在以下住宿标准范围内凭票据实报实销：

（一）省区内出差：公司高管每人每天 300 元，部门经理每人每天 220 元，员工每人每天 180 元。

（二）省外出差：公司高管每人每天 500 元，部门经理每人每天 400 元，员工每人每天 300 元。

（三）凡参加各类会议及培训、学习、考察，凡主办单位或接待单位安排免费住宿的，不予报销；接待单位未安排住宿的，按上述标准执行。

（四）出差人员按住宿标准规定的限额，凭住宿票据实报实销。若有接待单位免费接待或住亲友家，不得再要求报销住宿费用。随公司领导出差的人员住宿标准就高不就低，按领导的标准，为节约住宿成本，原则上同行两人可同住的应同住。

（五）公司所属人员在出差地有居所的，一律不报销住宿费。

第十二条　出差人员应当在职务级别对应的住宿费标准限额内选择安全、经济、便捷的宾馆住宿，原则上要求两人住一间房。

第十三条　随同领导出差的员工，根据具体情况确需同住一处的，其住宿费可按实际发生额实报实销。

第十四条　参加商务活动确需入住主办单位安排的宾馆时，按照参会文件标准执行。

第五章　伙食补助费

第十五条　伙食补助费是指对工作人员在因公出差期间给予的伙食补助费用。

第十六条　出差人员的伙食补助费按照出差日历天数实行包干，伙食补助费开支具体标准如下：

（一）在驻地所属各县、市按照出差日历天数不分职务等级，每人每天补助 60 元伙食费。

（二）在驻地以外出差，伙食补助不分职务等级实行费用包干：80 元/天。超支不补，节余归己。

（三）公司派驻外地常设机构的人员，由于工作需要需长期驻外，超过 30 天的按每天 20 元计发伙食补助费（如果家庭在驻地或公司租房的，不予计发）；临时到外地出差按上款标准执行。到异地帮工人员按每人每天 20 元计发伙食补助费；房租及住宿费由公司核定。

第十七条 出差人员乘坐火车或长途班车，连续乘车超过 8 小时的，可凭车票按照自然（日历）天数，加发一天伙食补助费。

第十八条 由公司统一安排食宿的，住宿费和伙食补助费不予报销。

第六章 市内交通费

第十九条 市内交通费是指工作人员因公出差期间发生的市内交通费用。

第二十条 驻地地区以外市内交通费按到达目的地后的自然（日历）天数计算，每人每天为40元，实行包干使用，不再报销其他相关费用。随车不享受此补贴。驻地内所属各县、市、农牧团场每人每天控制在40元内凭票据实报实销。

第二十一条 公司人员按规定探亲的，其车船费和住宿费凭票据按限额内实报实销，若绕道行程者，按直线路费报销。

第二十二条 出差人员由所在单位提供车辆的，不予报销市内交通费。

第七章 培训补助费

第二十三条 经公司领导批准参加各种学习、培训（不包括学历培训）考察的，不满 15 天，按出差标准执行；超过 15 天按超过天数每人每天 20 元计发伙食补助费。如由培训机构统一安排并承担食宿费用的，不计发伙食补助费及住宿费；市内交通费凭票据报销从交通站点到驻地往返费用。

第八章 附则

第二十四条 工作人员出差结束后应当及时办理报销手续。差旅费报销时应当提供出差审批单、机票、车票、住宿费发票等凭证。

第二十五条 工作人员趁出差或调动工作之便，就近回家探亲或途中经停的，其绕道车、船费，扣除出差直线单程车、船费，超支部分由个人自理。绕道、在家或经停期间不予报销住宿费，不发放伙食补助费和市内交通费。

第二十六条 本办法所指出差人员均包含汽车驾驶员。

第二十七条 本办法在执行中如遇未尽事宜，另行研究制订补充规定。

第二十八条 本办法由办公室负责解释。

第二十九条 本办法自××××年×月×日起执行。

工具四 营销人员招聘管理制度

1. 目的

为满足公司经营管理需要，并为公司发展储备人才，本制度规定了公司人员招聘入职的具体原则、流程及有关规定。

2. 适用范围

本制度适用于总部及各片区、大区、办事处人员招聘的管理。

3. 职责

（1）营销公司人力资源部负责营销公司本部人员的招聘及各大区经理以上人员的招聘及审核工作。

（2）各片区及大区用工，由片区人力资源部及各大区人力资源专员协同招聘。

（3）各用人单位协助进行人员招聘的相关工作。

4. 文件内容

（1）招聘原则：

①战略性原则：招聘工作应当与公司人力资源战略与策略相结合，支持公司战略目标的实现。

②适人适岗原则：招聘应当强调合适的人在合适的时间担任合适的职位，以获得人力资源成本投入与价值回报的比较优势。

③公开公正原则：招聘标准与程序公开透明，招聘评估方法科学合

理，保证招聘结果的公平、公正。

（2）招聘职责分工：

①人力资源部（片区人力资源部）：

拟定公司招聘政策；

制订及审核招聘计划；

招聘计划工作的组织实施与监控；

负责招聘中人员基本素质要求评估；

组织招聘工作的年度评估。

②用人部门：

招聘计划的协助实施；

负责招聘中人员专业素质要求评估；

新员工的上岗培训工作。

（3）招聘实施：

①招聘实施原则：

多元化原则：招聘时应注意保持应聘人员籍贯、毕业学校、原属单位等的多元化。

资格要求如表7－3所示。

表7－3　招聘人员资格要求

招聘岗位	学历要求	年龄要求	
业务代表岗位	高中及以上	35周岁及以下	
业务主管、助理岗位	大专及以上	35周岁及以下	
办事处经理及以上职能部门经理、专业经理及以上	大学本科（全日制）	35周岁及以下	条件优越可适当放宽
职能部门其他人员	大专及以上	30周岁及以下	

②招聘信息发布。

公司人力资源部或片区人力资源部根据《招聘申请审批表》所确定的招聘方式发布招聘信息，外部招聘通过网络、猎头、招聘会、集团推荐、报纸等进行，内部招聘则是在公司内部发布《内聘通知》。招聘信息在《招聘申请审批表》通过审核或审批后的1个工作日内发布。

③搜集、筛选应聘材料。

公司人力资源部及片区人力资源部依照《招聘申请审批表》所确定的有关条件，在3个工作日内搜集、筛选应聘材料，提交至用人部门。内部应聘人员通过《内聘报名表》参与内部招聘面试，《内聘报名表》需经过员工所在单位上级及人力资源部审批。

④人力资源部组织面试小组，安排招聘工作流程。

公司人力资源部或片区人力资源部根据具体职位的招聘面试权限组织面试小组，并负责根据具体职位组织面试工具（从公司面试测评工具集中选取），安排面试工作流程，编制《面试安排表》，具体包含招聘测试人员、面试时间、面试地点等，并发给面试小组成员。具体招聘面试权限如下：

大区相关职位的招聘面试权限如表7－4所示。

表7－4　大区招聘职位面试权限

招聘职位	招聘面试权限					
	用人部门	大区HR专员	大区经理	片区HR部	片区相关职能部门	分管片区副总
业务代表、办事处文员以下	√	√	√	√		
业务主管、高级业务代表、大区文员	√	√	√	√	√	√
办事处经理助理以上	√	√	√	√	√	√
大区职能专员	√	√	√	√	√	√

本部、片区平台相关职位的招聘面试权限如表7－5所示。

表7－5　本部、片区平台招聘职位面试权限

招聘职位	招聘面试权限				
	用人部门	人力资源部	分管领导	职能副总	总经理
文员以下	√	√			
专员、高级文员以上	√	√	√	√	
部门经理助理及专业经理以上	√	√	√	√	√

备注：所有招聘面试准备工作在两个工作日内完成。

⑤面试通知：公司人力资源部或片区人力资源部（大区 HR 专员）通知相关应聘人员参加招聘面试，要求应聘人员提交包含但不限于标准简历以及学历（学位）证、身份证（户口本）、职称证书、荣誉证书、最近就职单位收入证明等证件的原件；公司人力资源部或片区人力资源部（大区 HR 专员）负责审核相关资料的真实性。通知应聘需与招聘面试准备工作同期完成。

⑥招聘测评：公司人力资源部或片区人力资源部（大区 HR 专员）根据《面试安排表》，协调、组织招聘小组与应聘人员进行招聘测评工作，招聘测评包含但不限于面试、笔试、IT 测试。

所有测评工作在 3 个工作日内完成。

⑦测评审核：招聘测评结束 3 个工作日内，公司人力资源部或片区人力资源部（大区 HR 专员）汇总、统计所有招聘人员的招聘测评结果，填写《员工录用审批表》，提交审核，确定招聘人员职位、入职日期、试用期等。

⑧入职审批权限如表 7－6 所示。

表 7－6　人员入职审批权限

招聘职位	入职审批权限						
	用人部门	大区经理	片区人力资源经理	分管片区副总	人力资源部经理	职能副总	总经理
办事处文员、业务代表以下	√	√	√	√	备案	－	－
办事处文员、业务代表以上 办事处经理（含）以下	√	√	√	√	备案	－	－
办事处经理以上 大区经理（含）以下	√	√	√	√	√	√	√
分公司 KA 所有职位	√	√	√	√	√	√	
本部职能部门所有片区职能平台一般职位	√	－	√	√	√	√	－
本部职能部门及片区部门经理助理、专业经理以上	√	－	√	√	√	√	√

备注：所有片区职能平台职位须经本部相关职能部门经理审批。

⑨入职通知：入职审批通过后两个工作日内，公司人力资源部或片区人力资源部（大区 HR 专员）向通过审批的应聘人员发出入职通知。

外部招聘发出《录用通知》，明确报到时间、报到地点、所需提交资料及入职时间，入职资料包含但不限于身份证复印件（3 份）、学历证书复印件（1 份，原件缴验）、彩色一寸照片 3 张、三个月内体检表（区级医院以上）及与前一工作单位解除劳动关系证明、劳动手册。

内部招聘发出《员工调动通知》，具体调动程序参照《人员异动管理制度》进行。

⑩入职手续：

外部招聘：入职人员向公司人力资源部或片区人力资源部（大区 HR 专员）提交相关入职资料，办理相关入职审批手续。

公司人力资源部或片区人力资源部（大区 HR 专员）拟订相关入职人员的劳动合同签署方案，依照相关职位的招聘申请审批权限进行审批后，必须于报到之日为入职人员签署劳动合同。

公司人力资源部或片区人力资源部（大区 HR 专员）整理有关资料，包含但不限于入职资料、招聘测评记录、合同，建立入职人员的员工档案并将相关人员的基础数据录入公司 E－HR 信息系统。

公司人力资源部或片区人力资源部根据相关人员情况确定社会保险基数。

人力资源部协调公司企业邮件系统管理专员，为具备相应资格的入职人员配置并开通公司邮箱；所有入职手续在 10 个工作日内完成。

内部招聘：内聘员工接到通知后，在规定时间内办理完交接手续，至用人部门报到，具体入职手续参照《人员异动管理制度》进行。

⑪转正手续：

试用期结束前 15 个工作日，根据 E－HR 系统提示，用人部门负责人针对试用期员工填写《试用期员工评定表》，依据试用期员工职位提交相关层级审批（审批权限与入职审批权限相同），人力资源部依据审批结果办理转正、辞退或调职手续。

（4）招聘评估：

公司人力资源部于每季度组织开展招聘评估，评估指标包含但不限于人员到岗率、招聘成本、人员试用期离职率等，提交《季度招聘总结报告》，为下季度招聘工作提供参考。

5. 相关记录和表格如表7～表14所示。

各分公司参照本文件执行，或在不与本文件相违背基础上自行制订相关制度。

附件1：人员招聘申请表如表7－7所示。

表7－7　人员招聘申请表

<table>
<tr><td colspan="2">申请单位（部门）</td><td colspan="5"></td><td colspan="2">申请日期</td><td colspan="2"></td></tr>
<tr><td colspan="2">岗位名称</td><td></td><td colspan="2">申请人数</td><td colspan="2"></td><td colspan="2">现有人数</td><td colspan="2"></td></tr>
<tr><td colspan="2">岗位配置数</td><td></td><td colspan="2">招聘类别</td><td colspan="2">□计划内
□计划外</td><td colspan="2">到岗日期</td><td colspan="2"></td></tr>
<tr><td>申请原因</td><td colspan="10">（招聘计划外员工需求原因填写）</td></tr>
<tr><td>岗位职责</td><td colspan="10"></td></tr>
<tr><td rowspan="3">任职资格</td><td>性别</td><td colspan="2"></td><td>年龄</td><td colspan="2"></td><td colspan="3">学历</td><td></td></tr>
<tr><td>专业</td><td colspan="3"></td><td colspan="2">工作经验</td><td colspan="4"></td></tr>
<tr><td>主要能力要求</td><td colspan="9"></td></tr>
<tr><td>用人部门</td><td colspan="5">年　月　日</td><td colspan="2">大区经理</td><td colspan="3">年　月　日</td></tr>
<tr><td>片区HR经理</td><td colspan="5">年　月　日</td><td colspan="2">分管片区副总</td><td colspan="3">年　月　日</td></tr>
<tr><td>人力资源部</td><td colspan="10">签名：　　日期：　年　月　日</td></tr>
<tr><td>职能副总</td><td colspan="10">签名：　　日期：　年　月　日</td></tr>
<tr><td>经理</td><td colspan="10">签名：　　日期：　年　月　日</td></tr>
</table>

附件2：内部招聘报名表如表7－8所示。

表7－8 内部招聘报名表

申请职位名称：__________　　　　______年____月____日

<table>
<tr><td>姓名</td><td></td><td>性别</td><td></td><td>出生年月</td><td></td><td>政治面貌</td><td></td></tr>
<tr><td>专业</td><td colspan="3"></td><td>学历学位</td><td></td><td>毕业时间</td><td></td></tr>
<tr><td>毕业院校</td><td colspan="4"></td><td>外语语种
及水平</td><td colspan="2"></td></tr>
<tr><td>所在单位</td><td colspan="3"></td><td>岗位</td><td></td><td>任职时间</td><td></td></tr>
<tr><td>职称/职
业资格</td><td colspan="4"></td><td>任职时间</td><td colspan="2"></td></tr>
<tr><td>联系电话</td><td colspan="3"></td><td>手机</td><td></td><td>电子邮箱</td><td></td></tr>
<tr><td>身份证号</td><td colspan="4"></td><td>本人签名</td><td colspan="2"></td></tr>
<tr><td>学习培
训情况</td><td colspan="7">（说明：从大学学历或最高学历起）</td></tr>
<tr><td rowspan="2">工作情况</td><td colspan="4">工作经历</td><td colspan="3">相应业绩</td></tr>
<tr><td colspan="4">（如页面不足，可附页）</td><td colspan="3">（如页面不足，可附页）</td></tr>
<tr><td>所在
单位
意见</td><td colspan="7">近2～3年的工作总结和业绩与能力素质评价报告，字数不少于500字

（盖章）　　年　　月　　日</td></tr>
<tr><td>资格审
核意见</td><td colspan="7">
（盖章）　　年　　月　　日</td></tr>
<tr><td>备注</td><td colspan="7"></td></tr>
</table>

附件3：求职申请表如表7－9所示。

表7－9　求职申请表

职位申请					
第一选择			第二选择		
期望薪金			当前薪金		
现任职单位		现任职位		汇报对象	
辞去现任工作所需时间		劳动合同年限要求			
是否有亲属在本公司工作		亲属姓名		职务	
如果现在没合适的职位空缺，公司同时进行人才储备，您希望保留此简历多久？____月					

个人资料							
姓名		性别		出生日期		民族	
政治面貌		身份证号					
电话				手机			
电子邮箱				居住地			
档案所在地				户口所在地			
通信地址				邮编			

家庭情况							
父亲姓名		年龄		职业		电话	
母亲姓名		年龄		职业		电话	
婚姻状况		A. 未婚　B. 已婚　C. 鳏寡　D. 分居　E. 离婚					
配偶		年龄		职业		电话	
子女		A. 无　B. 1个　C. 2个　D. 3个及以上					
必要时可联络人士		与本人关系		电话			

最近工作经历					
受雇公司	期间		职位	离职原因	公司电话
	年　月	年　月			
	年　月	年　月			
	年　月	年　月			
有关您的工作情况及品行，可否向您以往的雇主咨询？					A. 是　B. 否

续表

教育经历					
学历	学校名称	期间		专业	学位
高中		年　月	年　月		/
大学		年　月	年　月		
		年　月	年　月		

重要培训			
时间	培训名称	培训机构	培训证书

语言			
语种	掌握程度		获得证书
英语		A. 精通　B. 流利　C. 略懂　D. 差	
		A. 精通　B. 流利　C. 略懂　D. 差	

技能						
项目	掌握程度					
专业职称		A. 有　B. 无	种类		等级	
职业资格证		A. 有　B. 无	种类		等级	
驾驶		A. 熟练　B. 一般　C. 差	驾驶证级别			
电脑操作		A. 熟练　B. 一般　C. 差	等级		打字速度	/分钟

其他资料		
项目	状况	说明
您是否曾因行为不检或表现不佳而被解雇？	A. 是　B. 否	
您是否曾因犯刑事案件而被判刑？	A. 是　B. 否	

健康状况							
身高		体重		视力		血型	
除近视外，您是否有任何身体缺陷（四肢、视力、听觉或语言）？				A. 有　B. 无	如有，请详述		
您是否患有严重疾病、损伤或曾接受过任何手术？				A. 有　B. 无	如有，请简述		
您是否患有传染性（包括病原携带）及其他有碍食品安全卫生的疾病？				A. 有　B. 无	如有，请简述		

续表

特质描述	
性格描述	
特长描述	

声明

求职者保证以上所填内容属实，并同意授权××股份有限公司调查上述资料的真实程度，如有隐瞒或虚报，愿接受无偿之立即解雇处分。

签名：

附件4：面试安排表如表7－10所示。

表7－10　面试安排表

面试安排							
应聘职位	应聘人员姓名	地点	面试官（具体时间）				

附件5：招聘面试评价表如表7-11所示。

表7-11　招聘面试评价表

申请人姓名：________　申请职位：________　面试时间：________

基于岗位要求的评价标准

A-优秀：明显超出岗位要求

B-良好：超出岗位要求

C-一般：符合岗位一般要求，属于录用的最低标准

D-较差：低于岗位要求

E-很差：明显不符合岗位要求

评价角度	评价定义	评价
道德和价值观	作风正派，诚实正直，认同企业价值观，良好的工作态度	
身体状况和仪容	健康协调，无身体残疾和岗位禁忌病症，仪表仪态得体	
知识和技能	良好的教育背景，掌握与岗位要求相匹配的知识和技能	
工作经验	具备与岗位要求相匹配的从业经验	
团队和协作能力	较强的团队精神，良好的组织和协作能力	
沟通和表达能力	言谈得体，表达清晰明确，富有条理，掌握一定的沟通技巧	
思维和应变能力	较强的理解能力，善于思考，逻辑严密，良好的判断力	
学习和创新能力	迅速适应新环境，主动学习，有创新思维	
工作动力	自我激励，自我驱动	
发展潜力	良好的长期发展潜力	
个性特点	坦诚、开放、包容	
求职动机	切实的个人期望和良好的稳定性	

重要信息

录用人员基本情况	
可接受薪资	
可到职日期	
特别要求	

评语

____

____

总评

□优秀　　□良好　　□一般　　□较差　　□很差

建议

□录用　　□待定　　□拒绝

面试者签名：____________

附件6：员工录用审批表如表7－12所示。

表7－12　员工录用审批表

<table>
<tr><td>姓名</td><td></td><td>性别</td><td></td><td>出生年月</td><td></td></tr>
<tr><td>学历</td><td></td><td>专业</td><td></td><td>毕业院校</td><td></td></tr>
<tr><td>原单位</td><td colspan="2"></td><td>原岗位</td><td colspan="2"></td></tr>
<tr><td colspan="6">特别记事</td></tr>
<tr><td colspan="6"></td></tr>
<tr><td colspan="6">岗位、薪资确认</td></tr>
<tr><td>岗位名称</td><td colspan="5"></td></tr>
<tr><td>专业职位</td><td colspan="2"></td><td>薪资级别</td><td colspan="2"></td></tr>
<tr><td>到岗日期</td><td colspan="2"></td><td>合同期（年）</td><td></td><td>试用期（月）</td></tr>
<tr><td colspan="6">重要事项</td></tr>
<tr><td colspan="6"></td></tr>
<tr><td colspan="6">录用审批</td></tr>
<tr><td>用人部门</td><td colspan="2">年　　月　　日</td><td>大区经理</td><td colspan="2">年　　月　　日</td></tr>
</table>

续表

录用审批			
片区 HR 经理	年 月 日	分管片区副总	年 月 日
人力资源部	签 名： 日期： 年 月 日		
职能副总	签 名： 日期： 年 月 日		
总经理	签 名： 日期： 年 月 日		

附件 7：录用通知书如表 7－13 所示。

表 7－13 录用通知书

<table>
<tr><td colspan="2">尊敬的　　　　　先生/女士：
感谢您参加我公司的招聘活动，我们很高兴地通知您，经过相关部门的面试及复试，我公司已同意录用您为我公司正式员工。根据食品行业从业者有关规定，请您在体检合格后，携带以下相关证件的原件和复印件到我公司办理入职手续。如果体检确认患有痢疾、伤寒、病毒性肝炎、消化道传染病（包括病原携带者）、活动性肺结核、化脓性或者渗出性皮肤病以及其他有碍食品卫生的疾病，我们将不能接收您。
具体要求如下：</td></tr>
<tr><td>报到时间</td><td>年　月　日（星期　）15 时</td></tr>
<tr><td>报到地点</td><td>××市××路××号
××××××营销有限公司人力资源部</td></tr>
<tr><td rowspan="6">个人携带资料</td><td>1. 身份证原件、复印件（4 份）</td></tr>
<tr><td>2. 最后学历、学位证书原件、复印件</td></tr>
<tr><td>3. 彩色一寸报名照片 4 张</td></tr>
<tr><td>4. 本人 3 个月以内的健康体检表</td></tr>
<tr><td>5. 与前一工作单位解除劳动关系的证明（退工单、劳动手册）</td></tr>
<tr><td>6. 最近的工作单位开具的收入证明</td></tr>
<tr><td>备注</td><td></td></tr>
<tr><td colspan="2">请您收到本通知后及时回复您的就职意见，如逾期未到公司报到则视为您主动放弃该职位。
如果在您工作之前还需要其他帮助，请与公司人力资源部联系！联系电话：××××××××</td></tr>
</table>

附件8. 试用期员工表现评定表如表7－14所示。

表7－14　试用期员工表现评定表

填表日期：　　　　　　　　　年　　月　　日

转正人		所属部门		岗位职务		户籍	

考核项	评定级别			
	优	良	中	差
工作业绩				
工作态度				
工作效率				
协作精神				
专业知识				
责任感				
品德				
学习能力				
服从性				
试用期总体评价：				

考核结果	（　）考核合格，请予以转正		
	（　）表现不符合岗位要求，不建议继续录用（需附书面考评情况说明）		
填表人签名		使用部门领导意见	
主管领导意见		总经理意见	

工具五 营销人员薪酬和绩效考核管理细则

一、目的

为实现公司年度经营目标，体现责、权、利一致的原则，调动员工的工作积极性，明确管理人员的职责，激发员工的工作热情与创造性，特制订本办法。

二、范围

适用于公司营销中心各区办事处相关岗位工作人员

三、内容

1. 月度薪资构成

（1）月度薪资构成＝基本工资＋绩效奖金＋津贴补助。

（2）月度实际收入＝月度总收入－扣除项目。

（3）绩效奖金＝销售奖金＋绩效工资。

（4）津贴补助：话费补助、差旅补助、误餐补助、交通补助等。

（5）扣除项目：个人所得税、社保个人支付部分及其他应扣款项等。

2. 薪酬模式说明

（1）绩效奖金：公司销售业绩达到一定标准，为奖励员工辛勤工作而设立的薪资项目，绩效奖金分为月度奖金和管理奖。

（2）津贴补助：此处是指对营销人员在工作过程中所产生的费用给予一定的补助。

（3）销售奖金：根据区域销售业绩给予的一种激励奖金。

（4）绩效工资：对员工的工作业绩、工作态度、工作技能等方面的综合考核评估。

（5）设置原则：奖金高于基本工资，公司通过高奖金的形式鼓励区域经理提高工作积极性，增加产品销量，让销售业绩突出者实现高奖金高收入。

3. 相关说明

（1）基本工资：基本工资 = 基础工资 + 岗位工资 + 工龄工资。

（2）基本工资不是销售人员的主要收入来源，它是销售人员基本收入，是销售人员最基础的生活和工作保障。

①基础工资：参照当地职工平均生活水平、最低生活标准、生活费用价格指数和国家有关法规确定，基础工资在基本工资总额中占45%左右。

②岗位工资：岗位工资是根据职务高低、岗位责任繁简轻重、工作条件等确定，岗位工资在基本工资总额中占50%。

③工龄工资：按员工为企业服务年限长短确定，鼓励员工长期、稳定地为企业工作。

（3）基本工资管理规定：

①基本工资调整：根据公司经营效益，经总经理批准可以对基本工资进行调整。原则上是每年6月进行调整，基础工资主要根据当地的生活水平和最低工资来调整，岗位工资和工龄工资则根据公司薪酬制度规定。

②岗位工资管理：按照公司薪酬制度有关规定，员工根据聘用的岗位和级别核定岗位工资等级，初步确定同类岗位的最下限一级，经半年考核，再调整等级；对于岗位变动的，根据晋升增薪、降级减薪的原则，工资变更从岗位变动的后1个月起调整。

（4）津贴补贴：包括通讯补贴、市内交通津贴、出差伙食津贴。

津贴补贴规定：销售人员出差时会给予一定补贴。

（5）绩效奖金：绩效奖金 = 销售奖金 + 绩效工资。

①销售奖金：销售奖金 = 基准奖金 × 销售达成率。

基准奖金：公司规定的固定值（详见后面的基准奖金部分）。

销售达成率：销售达成率 = 实际销售额/目标销售额 ×100%。

目标销售额：是在对市场销售情况进行综合调研及切实评估后经公司

批准确定的销售金额，目标销售额是在充分遵循市场规则的前提下制订的，不同的销售区域其目标销售额可能不一样，同一销售区域因不同阶段其目标销售额也可能不一样。

②绩效工资。

为了充分调动员工的积极性，形成科学合理的绩效管理机制，推动公司业务发展和效益提高，不断提高员工的执行意识和工作绩效，应该对员工的工作结果及时进行考核。

将个人的收入同其本人的工作绩效直接挂钩，鼓励员工创造更多的效益，同时又不增加企业的固定成本。

严格的、长期的绩效工资体系是一种有效的方法，让公司不断改进员工的工作能力、工作方法，提高员工绩效。

这种方法使绩效好的员工得到奖励，同时也能获取、保留绩效好的员工。

营销人员工资构成如表 7－15 所示。

表 7－15　工资构成表

<table>
<tr><th rowspan="2">项目
薪等</th><th rowspan="2">岗位</th><th rowspan="2">基础工资</th><th rowspan="2">岗位工资</th><th rowspan="2">绩效考核</th><th colspan="2">津贴补贴</th><th rowspan="2">备注</th></tr>
<tr><th>通讯费</th><th>交通费</th></tr>
<tr><td>一</td><td>营销副总</td><td></td><td></td><td></td><td colspan="2"></td><td rowspan="8">1. 试用期为三个月
2. 业务员晋升至区域经理需连续 6 个月以上 100% 完成销售任务额，且每月需开发 1 家以上进货额不低于 3 万元的客户</td></tr>
<tr><td>二</td><td>营销总监</td><td></td><td></td><td></td><td colspan="2"></td></tr>
<tr><td>三</td><td>营销助理</td><td></td><td></td><td></td><td colspan="2"></td></tr>
<tr><td>四</td><td>渠道/部门经理</td><td></td><td></td><td></td><td colspan="2"></td></tr>
<tr><td>五</td><td>城市经理</td><td></td><td></td><td></td><td colspan="2"></td></tr>
<tr><td>六</td><td>业务员</td><td></td><td></td><td></td><td colspan="2"></td></tr>
<tr><td>七</td><td>助理业务员</td><td></td><td></td><td></td><td colspan="2"></td></tr>
<tr><td>八</td><td>实习业务员</td><td></td><td></td><td></td><td colspan="2"></td></tr>
</table>

4. 试用期薪酬

（1）试用期间的工资为基础工资＋岗位工资。

（2）试用期间被证明不符合岗位要求而终止劳动关系的或试用期间员工自己离职的，不享受试用期间的绩效奖金。

（3）试用期合格并转正的员工正常享受试用期间的绩效奖金。

营销中心业务人员绩效考核如表7－16所示。

表7－16　营销中心业务人员绩效考核表

单位：元

级别	月销售回款业绩	基础工资	岗位工资	提成比例	交通费	通讯费	招待费
见习	万以上（含万）						
初级	万以上（含万）						
中级	万以上（含万）						
高级	万以上（含万）						
资深	万以上（含万）						
营销中心业绩核定及奖励细则							
惩罚细则：							
1. 月度销售额（销售回款金额）连续两个月倒数第一名，处罚500元；月度销售额（销售回款金额）连续两个月倒数第二名，处罚300元。主管领导承担连带责任，处罚100元 2. 不按时上报5日报表的第一次处罚50元，两次以上每次处罚100元；不按时上交下月销售计划，一次处罚100元 3. 赊销账期超过50天的账款，按超出时间计算，以月息1.5分计算利息；超过3个月的账款，在计算考核销售回款时扣除赊销金额进行月度考核（原则上扣除金额不超出总赊销金额的40%），并以此参与月度绩效考核							
备注：凡营销人员或管理人员经公司考核不合格者，给予辞退或降职；触犯法律的，公司依法追究其法律责任。							

四、绩效考核

考核内容为员工本人当月工作完成情况及综合表现。

1. 绩效考核管理目标项目

绩效考核管理目标项目如表7－17所示。

表7－17　绩效考核细则

考核项目	权重比率	标准分数	计算方式
销售业绩	60%	100	实际销售额/当月销售任务×0.6
业务知识技能	10%	100	下错单、发错货、资料错、客户投诉每次扣10分
开拓新客户数量	10%	100	每月至少开发5家新客户，否则扣除全部分数

续表

考核项目	权重比率	标准分数	计算方式
服从上级领导	10%	100	不服从领导工作安排、顶撞领导等每次扣 10 分
出勤情况	10%	100	每缺席一次会议或迟到、上班迟到均扣 10 分
注：考核成绩在 95 分以上发放 100% 绩效工资，85～94 分发放 80%，60～84 分发放 60%，60 分以下不发放绩效工资			

备注：奖惩方面考核的得分直接加减当月的绩效考核得分就是员工当月的得分。

2. 奖惩管理

（1）奖惩架构：

奖励：记功、记大功；惩罚：记过、记大过、撤职开除。

（2）奖惩考核细则如表 7－18 所示。

表 7－18　奖惩考核细则

序号	奖惩考核细则
1	全年度累计三小功为一大功
2	全年度累计三小过为一大过
3	功过相抵：以一功抵一过，一大功抵一大过
4	全年度累计三大过者解雇
5	记功一次加当月考核 3 分
6	记大功一次加当月考核 9 分
7	记过一次扣当月考核 3 分
8	记大过一次扣当月考核 9 分

（3）奖惩办法如表 7－19 所示。

表 7－19　奖惩办法

序号	奖励工作内容	奖励标准
1	开拓“新地区”“新客户”，成绩卓著者	记功一次
2	达成月度销售目标者	记功一次
3	达成半年、全年度销售目标者	记功一次
4	超越年度销售目标 20%（含）以上者	记功一次
5	其他表现优异者	视贡献程度予以记功

（4）惩罚措施如表7－20所示。

表7－20　惩罚措施

序号	惩罚内容	惩罚标准
1	挪用公款者，公司通过法律途径向挪用人追讨	开除
2	做私人生意者，一经查证属实，一律开除	开除
3	直属主管若有呈报，免受连带惩罚。若未呈报，连带惩罚	记大过
4	与客户串通勾结者，一经查证属实，立即开除	开除
5	凡公务外出，无故不执行任务者，一经查证属实，以旷工处理，并记大过一次。若领导协同部属者，领导记大过一次	记大过
6	挑拨部门员工的感情，或者泄露公司机密者，一经查证属实，记大过或开除	记大过或开除
7	上半年未达销售目标的70%，记过一次	记过
8	全年度未达销售目标的80%，记过一次	记过
9	未按规定建立客户资料经领导查获者，记过一次	记过
10	私自使用营业车辆者，记过一次	记过
11	公司规定填写的报表等未按时提交者，每次记过一次	记过
12	其他给公司形象造成负面影响者，视影响程度予以惩罚	

备注：以上奖惩办法的加分或扣分按月度进行，考核结果根据完成目标程度以及经营管理能力评价而确定。

员工等级划分标准如表7－21所示。

表7－21　员工等级划分标准

等级	分值区间	标　　准
A	95分以上	远远超过了任职资格标准要求，有创造性，大大高于期望水平，完全能够胜任工作
B	80～95分	较多地方超出了任职资格标准要求，胜任工作，令人满意
C	65～80分	达到了任职资格
D	50～65分	低于期望水平，未达到任职资格标准要求，不能胜任工作，需加以改进和提高
E	50分以下	表现大大低于期望水平，与任职资格标准要求还有较大差距，有很多问题与不足，需努力改进和提高

五、正常的薪资体系设计原则

（1）企业越大，越需要强化位阶管理——强化各层主管的命令效率。

而上级对下级的薪资考核是主管命令效率的前提。

（2）总部只直接考核经理、部长，对基层员工的考核决不能由总部直接执行，因为这种考核必然会导致大量虚假信息出现而且无法验证。

（3）对经理级以上员工的量化考核指标，具体任务量由总部下达，总部考核。对经理级以下员工的量化考核指标，具体任务量应由经理下达（各地市场基础不同，总部一刀切下达的指标在很多市场都会失去考核意义，真正了解当地市场的还是当地经理）。

六、薪资发放

（1）每月 5 日前，各办事处将当月的绩效考评汇总上报给公司营销中心。由主管对直接下属当月工作进行考评。考评结果经审核后将作为当月绩效工资发放依据。

（2）公司人力资源部设置专人负责薪资结算工作，每月 10 日前薪资结算员对各部门所属编制人员的当月固定工资及个人业绩考核工资进行结算；经管理部门及财务部门负责人审核，由总经理批准，每月 18 日起发放，人力资源部备份。

（3）各级人员需按有关规定缴纳个人所得税。

工具六　绩效考核的模板工具

一、薪资方案模板

薪资 = 基本薪资 + 绩效工资 + 销售提成 + 出差补贴 + 其他奖励

1. 基本薪资与绩效工资（示例）

基本薪资与绩效工资如表 7－22 所示。

表 7-22　基本薪资与绩效工资

单位：元

岗位	基本工资		绩效工资		备注
	数额	获取方式	数额	获取方式	
区域经理	5000	固定获取	4000	考核后获取	
代区域经理	4500	固定获取	3500	考核后获取	
主管	4000	固定获取	3000	考核后获取	
代理主管	3500	固定获取	2500	考核后获取	
高级业务员	3000	固定获取	2000	考核后获取	
转正业务员	2000	固定获取	2000	考核后获取	
实习业务员	3000	固定获取	0	考核后获取	

2. 销售提成（示例）

销售提成如表 7-23 所示。

表 7-23　销售提成

单位：元

岗位	底线目标	正常目标	冲刺目标	备注
经理团队	300 万 0.4%	400 万 0.5%	500 万 0.6%	团队提成
主管团队	100 万 0.5%	200 万 0.6%	300 万 0.7%	团队提成
区域经理	25 万 2%	30 万 2%	35 万 2%	个人提成
主管	20 万 2%	25 万 2%	30 万 2%	个人提成
业务员	5 万 1%	10 万 1.5%	15 万 2%	个人提成

季度奖设置（示例）如表 7-24 所示。

表 7-24　季度奖奖励标准

单位：元

季度达成率		超 100%	超 120%	超 130%
奖励标准	责任人奖励	2000	3000	4000
	团队负责人奖励	500	1000	1500

半年度奖设置（示例）如表 7-25 所示。

表 7 – 25 半年度奖奖励标准

单位：元

半年度达成率		超 100%	超 120%	超 130%
奖励标准	责任人奖励	4000	6000	8000
	团队负责人奖励	1000	1500	2000

年终奖设置（示例）如表 7 – 26 所示。

表 7 – 26 年终奖奖励标准

单位：元

全年达成率		超 100%	超 120%	超 130%
奖励标准	责任人奖励	6000	8000	10000
	团队负责人奖励	2000	3000	4000

一定要主管团队领导利益和团队业绩捆绑在一起，压力一层一层分解，荣辱与共，才能最大化提高营销人员的主观能动性。

注意：

A. 销售目标、提成点都是假设，根据市场状况、行业利润及工资测算来设定。

B. 主管、经理既有个人提成，亦有其管理的团队提成。

C. 销售目标不仅是业务员、主管经理提成的核算依据，也是他们晋升、降级的依据之一。

排名奖：月度在 100% 完成销售达成的基础之上设立排名奖。

业务员排名前三位的获得奖金 1000 元、600 元、400 元。

出差补贴：

出差补贴主要包括交通费、出差伙食补助费、住宿费等。

二、绩效工资计算模板

绩效工资 = 绩效工资基数 × 考核系数

区域经理绩效考核指标如表 7 – 27 所示。

表 7－27　区域经理绩效考核指标

考核内容		绩效指标	权重	目标完成水平	考核评分
关键经营管理目标	关键业绩指标	销售量（额）同期增长率			
		销售费用同比增长与销售额同比增长的比值			
		库存控制			
		市场覆盖率			
	关键管理目标	客户满意度			
		员工满意度			
		区域内渠道开拓			
		市场信息收集、预测			
职责履行		人员培训执行情况			
		区域内市场环境管理情况			
		区域推广计划执行情况			
		区域内企业形象建立情况			
总分					

地区销售主管绩效考核指标如表 7－28 所示。

表 7－28　地区销售主管绩效考核指标

考核内容		绩效指标	权重	目标完成水平	考核评分
关键经营管理目标	关键业绩指标	市场占有率			
		市场覆盖率			
		销售量（额）增长比率			
		库存控制			
	关键管理目标	员工能力/技能的提高			
		客户拜访			
		管理创新			
职责履行		拜访计划完成情况			
		培训完成情况			
		零售拓展完成情况			
		市场管理情况			
		渠道信息收集情况			
总分					

销售代表绩效考核指标如表7－29所示

表7－29　销售代表绩效考核指标

考核内容		绩效指标	权重	目标完成水平	考核评分
关键经营管理目标	关键业绩指标	销售量（额）同期增长比率			
		客户拜访			
		回款率			
		客户满意度			
		所辖区域市场覆盖率			
职责履行		二级网络建设情况			
		客户服务情况			
		信息收集情况			
		客户投诉处理情况			
总分					

三、考核表使用示例

××区域经理关键经营管理目标考核量表（直接主管用表）如表7－30所示。

表7－30　区域经理关键经营管理目标考核量表

考核内容		绩效指标	权重	目标完成水平	考核评分
关键经营管理目标	关键业绩指标	销售量（额）同期增长率	30	100	30
		销售费用同比增长与销售额同比增长的比值			
		库存控制	10	80	8
		市场覆盖率	15	100	15
	关键管理目标	退货率	15	75	11
		客户满意度	35	80	28
		员工满意度	25	70	17
		区域内渠道开拓	20	60	12
		市场信息收集、预测	20	70	14

续表

考核内容	绩效指标	权重	目标完成水平	考核评分
职责履行	人员培训执行情况	40	60	24
	区域内市场环境管理情况	30	80	24
	区域推广计划执行情况	20	100	20
	区域内企业形象建立情况	10	70	7
总分	——	51.5		

备注：本表占总考核分值的60%，总分共60分。
表30中关键业绩指标得分为：100分×30%=30分
关键管理目标得分：71×20%=14分
职责履行得分：75×10%=7.5分

××区域经理费用控制考核量表（财务部用表）如表7－31所示。

表7－31　区域经理费用控制考核量表

费用预算	100万元
实际费用	120万元
预算执行情况	120%
费用控制考核得分	
费用考核标准	
预算执行情况	考核得分
B≤90%	
90%＜B≤100%	
100%＜B≤110%	
110%＜B≤130%	
130%＜B≤150%	
150%＜B	费用畸高
预算执行情况：（实际费用/费用预算）×100% 对于费用畸高的部门，必须由该部门经理做出详细说明，财务部门审核后报公司指定机构处理	

备注：本表占总考核分值的10%，总分共10分。

销售经理（主管）绩效考核如表 7－32 所示。

表 7－32　销售经理（主管）绩效考核表

姓名：			所属部门：		岗位：		
直接上级：			入职时间：		考核周期：月度		
考核项目	考核指标	分数	关键绩效指标	计分（扣分）标准	自评分	上级评分	结果
工作业绩 80%	销售额	30	团队目标为 300 万（目标是假定）	达成目标 30 分，达成 90% 以上 20 分，达成 80% 以上 10 分，达成 60% ~ 80% 5 分，低于 60% 0 分			
	新客户开发	10	每月新客户开发数为 3 个	少一个扣 3 分			
	客户流失率	10	每月 2 个以内	无流失 10 分 流失一个 5 分 流失 2 个 0 分			
	回款率	10	按时回款达到 95% 以上	回款率 95% 以上 10 分 回款率 85% 以上 7 分 回款率 75% 以上 4 分 回款率低于 75% 0 分			
	培训业务员	5	按计划培训 5 个课时	少一个课时扣 1 分			
	客户投诉解决	10	在一个工作日响应，100% 解决	无按时响应扣 1 分 1 次，无解决 1 分 1 个			
行为考核 20%	销售报告	5	按时提交周、月度销售报告	延迟 1 天扣 1 分			
	工作态度	10	以身作则，遵守公司规章制度	违规一次扣 2 分			
	团队精神	10	以总经理为核心，团结同事，配合各部门解决相关问题	无故不配合者发现一次扣 3 分			
合计		100					
上级评语：							

销售员绩效考核如表7－33所示。

表7－33　销售员绩效考核表

姓名：			所属部门：		岗位：		
直接上级：			入职时间：		考核周期：		月度
考核项目	考核指标	分数	关键绩效指标	计分（扣分）标准	自评分	上级评分	结果
工作业绩80%	销售额	30	目标为20万元（目标是假定）	1. 达成目标30分 2. 达成90%以上20分 3. 达成80%以上10分 4. 达成60%～80%5分 5. 低于60% 0分			
	新客户开发数	10	每月新客户开发数为2个	少一个扣5分			
	客户流失率	10	每月2个以内	1. 无流失10分 2. 流失一个5分 3. 流失2个0分			
	回款率	10	按时回款达到95%以上	1. 按时回款95%以上10分 2. 回款率在85%以上7分 3. 回款率在85%以上7分 4. 回款率在75%以上4分 5. 回款率低于75% 0分			
	客户投诉解决	10	在一个工作日响应，100%解决	无按时响应扣1分1次，无解决1分1个			
行为考核20%	销售报告	10	每周六下午下班提交周度的销售报告	延迟1天扣1分			
	工作纪律	10	服从安排，遵守公司纪律	违规一次扣2分			
	勤奋度	10	按工作计划拜访客户，每日自我总结	少拜访一个客户扣1分			

续表

合计	100			
上级评语：				

注意：考核的结果分5个级别，对应不同的考核系数（示例）：
A级：95（含）分以上考核系数1.2
B级：90（含）分以上考核系数1.0
C级：80（含）分以上考核系数0.8
D级：70（含）分以上考核系数0.6
E级：60（含）分以上考核系数0.4

工具七　广宣物料采购管理制度

广告品、促销品申请、设计、制作、发放、使用规定

广告品指由公司统一制作、配合市场销售的POP、广告、招贴画、说明书、海报、货架、礼品、挂历、摆台架等。

促销品指除广告品以外的用以赠送的物品。

终端宣传品主要指门头、展柜等。

1. 广告品、促销品、终端宣传品的申请

由销售经理根据公司规定（广告、促销活动安排），结合市场情况（销售计划、新市场等）填写《广告、公共关系、宣传品申请表》，向市场部经理申请，分公司营销中心经理审批意见后，由市场部和采购中心部具体落实。

申请程序：销售经理——→市场部经理——→营销总监——→安排市场部和采购中心制作。

每月3日市场部根据每月广告、促销活动安排向总经理呈交下月广告品、促销品、终端宣传品使用计划并根据库存编制下月广告品、促销品、终端宣传品的预算。

2. 设计程序

项目负责人或其他人员提出创意及设计要求并填写设计申请单，经

市场部经理批准后交设计部设计初稿——→项目负责人审稿——→市场部经理审阅——→营销总监定稿——→打样。

3. 制作程序

设计——→打样——→询价——→比价——→市场部经理审查——→报营销总监审批——→制作。

4. 验收程序

广告品和促销品由市场部推广负责收货，设计人员负责质量检验（抽检率为5%～10%，抽检合格率低于98%者一律不收），无市场部经理签字一律不收。

5. 入库

由收货人员通知仓库入库。

6. 发放

（1）广告品、促销品、宣传品由营销中心内勤文员做好审批记录、台账后填写《广告品促销品实际发放单》，一份随货通知销售经理，一份交市场部。

（2）各营销人员在收到物品后，按照《广告品促销品实际发放单》核查确认并将发放单交市场部。

7. 使用

（1）市场部根据销售部要求建立广告品领用登记册，由营销中心内勤对每月广告品的接收、审批、发放、使用情况做记录，对每个环节进行监控。按区域分别建立促销品领用登记册，做好每月促销品的接收、审批、发放、使用情况记录，对每个环节进行监控。销售人员根据公司规定使用广告品、促销品。

（2）销售内勤部将定期检查市场POP布置及户外招贴情况及促销品、宣传品使用情况。

（3）使用广告品、促销品、宣传品要坚持合理、有效、低耗原则，以少投入得到高效益。

（4）市场部每月统计广告品、促销品发放与使用情况并将统计表交销售部。

8. 效果评估

每次促销活动结束后必须进行总结，评价促销效果。

工具八　促销管理制度

广告、促销、公共关系活动管理规定

广告指利用电视、广播、报纸、杂志、户外建筑等大众传播媒介宣传公司产品或形象。

促销是营销者向消费者传递本企业及产品的各种信息，说服或者引导消费者购买产品，以达到扩大销售量的目的。它分为经销商促销、终端促销及消费者促销活动。

公共关系活动指为树立产品或公司形象与有关单位、部门共同举办的各种活动。

为使广告宣传计划化、统一化，广告、宣传、促销活动统一归市场部管理，便于集中资金，统筹考虑，突出重点，兼顾一般。

一、计划制订

1. 年度广告促销计划

每年12月1日营销中心根据下一年度的发展目标拟订下一年度营销计划并呈交给总经理。由总经理召集各部门经理、职能部门经理、生产部、财务部、技术部主管讨论。各种计划高层研究决定后交财务与市场部各存档一份并下发。计划的制订参考下列要素：

（1）公司发展目标。

（2）下一年度销售目标。

（3）下一年度市场策略。

（4）媒体。

其中，费用指标应以该年广告费及公司发展目标为依据，下一年度销售目标及市场的成长性可以作为重要参数。

2. 季、月度计划

营销中心在全年广告宣传计划的基础上制订季度、月度计划。其中季度计划提前30天拟订，月度计划提前20天拟订，交总经理审批。

二、有关规定

（1）为使广告促销具有较强操作性、可控性、专业化、系统化，所有广告促销活动（含各类宣传品、促销品、赠品）由集团营销中心经理审核后报总经理批示，然后统一安排、发放、记账。

（2）为避免广告投放的盲目性，营销中心年前对各区域的媒体及各类媒体时段或版面进行考核，确定一级投放媒体和备用投放媒体，一般情况只投放一级媒体。

（3）任何非市场部相关人员不得回答和询问有关宣传、广告的外来电话来访，以免泄露宣传机密。

（4）广告合同统一化（统一合同格式、条款、统一签署），广告费支付一般分三期，最后一期需在收到样报（监测报告），核对无误后支付。特殊媒体（活动）需一次性支付的由集团市场部书面向营销中心总经理报批。

（5）各类计划外的宣传活动、广告、促销须提前一个月申报，报告要写清申报原因、目的及具体方案和效果预测，交营销中心经理批示。重大活动的审批，通过的执行，没有通过的取消。营销中心在10天内给予答复。

（6）所有广告、促销品制作费用均实行统一支付、统一记账、统一报销，由专人（销售内勤）负责。

统一支付指广告文员按合同规定统一填写付款通知单，并登记台账。

程序：推广文员→营销总监签字→财务部经理审核→总经理批示→出纳付款。

统一报销是指各类宣传（促销品制作）费用发票（收据）由销售内勤统一催收和办理报销手续。报销程序是：

经手人签字——→推广审查——→销售内勤上报——→营销总监批准——→财务部经理复审——→总经理批示——→出纳

营销中心文员除对宣传品分别立账外还得有宣传费用总账本。宣传品折合金额记账。除了对各市场的促销品分别立账外，还得有促销费用总账本。促销品折合金额记账。

（7）市场开发期（最初 6 个月）或者新产品推广时期广告费用超支部分将在以后巩固市场期间逐月扣除。

（8）全国性的广告宣传及促销活动费用平均分配到各市场。

（9）营销中心在安排广告、促销计划时，原则上按年度、季度、月度广告、促销计划执行，如需特殊计划或取消计划应填写《广告、公共关系活动申请表》，报集团总经理批示，如广告、促销计划未能如期按计划执行，营销中心经理应及时向总经理提交报告，并通知各市场人员或经销商。

（10）广告合同签订前，推广经理须向营销中心经理呈交合同草案、投放计划、广告商的报价单，报营销中心经理批准后方可签订。合同签订后原件交财务部，市场部自留复印件。

（11）市场部及时收集报刊、户外广告样报、照片并存档。

（12）公共关系活动后 10 天内，市场部必须呈交活动效果分析报告。

（13）在公司给予的政策前提下因地制宜地制订广告、促销计划。

三、补充规定

（1）各类广告、促销费用报销审核附加内容：

促销活动费用需附加活动批示报告、活动总结（区域负责人撰写或提供意见）方可报销。

报纸/杂志：广告文员（监督员）核对日期、尺寸、版面是否与合同吻合并签字，方可支付余款。

电视：需出示监测报告，广告文员审查报告无误后，方可支付余款。

户外：凭照片。广告文员（监督员）核对日期、尺寸、版面是否与合同吻合并签字，方可支付余款。

（2）广告宣传资料的整理、装订及归档。

（3）建立广告、促销活动的监控和效果评估系统。

（4）促销活动、公共关系活动中人员工资、差旅费列为促销费。

（5）广告监控：推广部广告监控员同步监控；各区域人员及经销商跟踪监测；广告公司及监测公司监测报告。

（6）监督程序：推广部监察员执行过程监督；业务人员和经销商现场监督；总经理执行结果监督；广告公司监察报告。

附：促销活动申请报告注意事项：

（1）任何一个促销活动申请都必须采取书面形式。

（2）具备的要素：申请人、申请时间、活动区域、活动执行人、活动内容/形式、活动执行时间、活动预算、效果评估、风险预测、后续跟进。

工具九　销售计划管理制度

销售计划管理制度

1. 目的

为使营销中心销售工作全面、有效地展开，保证各市场供应，同时保证公司产销计划的合理安排与配合实施及相关信息传递的畅通、及时，总公司应对各市场销售计划申报工作制订流程及管理制度。

2. 月销售计划申报流程

月销售计划申报流程如图 7－1 所示。

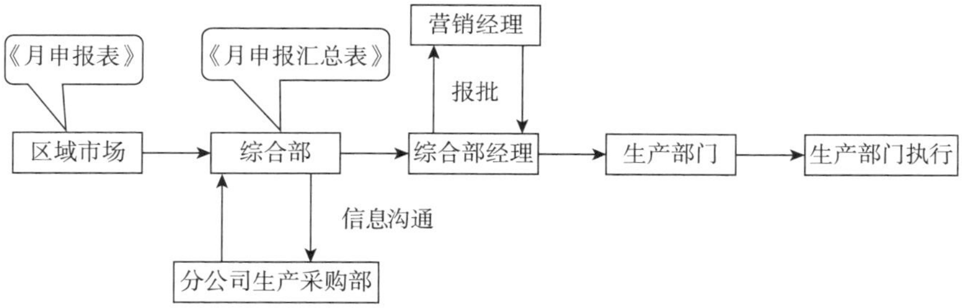

图 7－1　月销售计划申报流程图

3. 月销售计划申报制度

（1）根据全年及分月销量预算，结合当前市场实际情况，区域市场申报次月各品种销量计划。

（2）各区域市场必须在每月 3 日 19：00 前将次月《区域市场月销量计划申报表》报销售内勤处。

（3）销售内勤根据该申报表与生产部门进行信息沟通，了解库存及生产能力，进行汇总，并在每月 5 日 19：00 前将《综合部月销量计划汇总表》报营销中心经理。

（4）销售内勤未签字的申报表一律视为无效。

4. 日销售计划申报流程

“未来 × 日销售计划”申报流程如图 7－2 所示。

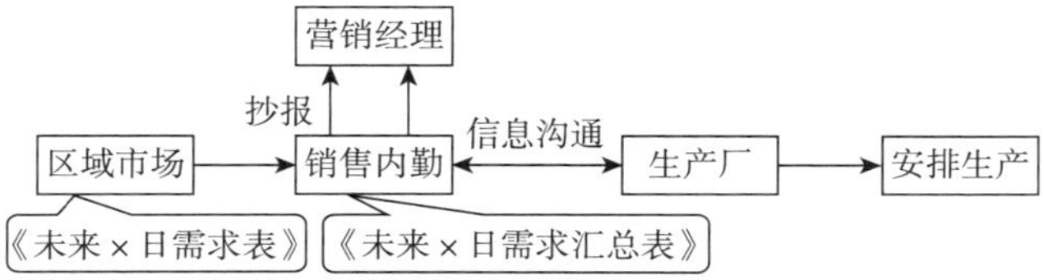

图 7－2　“未来 × 日销售计划”申报流程

5. 日销售计划申报制度

（1）根据分月预算及月度计划，结合市场情况编制“未来 × 日需求计划”。

（2）各市场必须在每月 10 日 18：00 之前向销售内勤申报“未来 × 日需求计划”。

（3）销售内勤根据市场次日需求于每日 18：00 前提供“未来 × 日需求计划”。

（4）销售内勤每日 11：00 之前向生产厂提供“未来 × 日产品的需求量”。

（5）需求计划 = 日常销售计划量 + 促销活动赠送需求量。

6. 注意事项：

（1）以上销量计划申报表计量单位均统一为最小单位。

（2）市场计划申报人员为区域经理或经销商，销售内勤计划汇总，以上申报人员个人资料（姓名、办公电话、传真、手机、电子邮箱地址）经区域市场、销售内勤签字确认后上报营销经理。

本制度自批准之日起实施，如有修改和补充，以书面通知为准。

工具十　业务人员管理模板

一、岗位名称、定义及管理归属（以业务代表为例）

（1）岗位名称：× × ×业务代表

（2）岗位定义：针对× × ×渠道，进行开发、维护及促销活动的有效执行者并接受考核，根据不同类型商店进行重点品项分销。

（3）管理归属：业务代表管理上级为× × ×经理（具体根据企业实际要求确定）。

二、工作职责和工作内容

1. 工作职责

（1）负责市内× × ×渠道开发、维护及促销活动的有效执行。

（2）区域划分：负责× ×市内× ×区域（具体区域根据实际情况进行划分）。

2. 工作内容和要求

（1）每天固定拜访路线：线路×——线路×（按照每周工作日实际情况确定每日固定的客户拜访线路），具体要求如下：

①根据每日拜访线路，详细建立客户档案（包含客户名称、地址、电话等相关信息）；

②根据公司确定的客户分类办法划分终端客户的类型；

③了解并记录竞争品牌销售情况及分销渠道企业相关产品的品项及规格；

④了解终端对我公司产品的认知度及兴趣度。

（2）完成区域各渠道重点品项的确定。

各渠道基础产品和重点分销产品如表 7－34 所示。

表 7－34　各渠道基础产品和重点分销产品

类型	重点分销产品	基础产品
A 类店		
B 类店		
C 类店		
D 类店		
其他渠道		

（3）做好终端生动化陈列工作。具体要求如下：

①选择有针对性的商店利用公司给予的市场费用及促、助销物料，抢占最佳的陈列位置，增加额外陈列，按公司陈列原则陈列。

②增加 SKU 数量，扩大陈列面积并做到多点陈列，达到打击竞争品牌销量，扩大市场占有率，提高品牌知名度，达到消费者随处看得到、拿得到、买得到的目的。

（4）销售指标的完成。具体要求如下：

①每月完成公司下达的销售任务。

②按时完成公司各项数据报表的填报和上交工作。

（5）客情关系维护。

①对客户提出或出现的异议问题及时解决，并耐心讲解，承诺客户的

事情一定要做到，如做不到，不要乱承诺。

②按照线路要求定期拜访客户，建立良好的客情关系。

（6）竞品信息的掌握。了解竞争品牌的产品价格、促销信息、进货渠道等第一手市场资料。征求客户对产品的建议，并及时反馈给上级负责人。

（7）开展促销工作。

①主动、积极地销售、处理库存的长期积压产品。

②根据公司要求积极落实常规促销活动的开展和实施。

三、具体工作流程

（1）上午 8 点到达办公地点按时打卡上班，如有直接上线拜访客户的必须电话报到。

（2）8：00－8：15 做拜访客户前的准备工作。

（3）合理安排时间并按照固定拜访路线进行终端客户拜访和终端维护工作。

（4）14：30 返回办公地点（特殊情况须提前电话请假）。

（5）汇总出货销售明细，跟踪落实经销商送货情况，查看经销商回款金额作为当天销量。

（6）整理销售订单，次日交至经销商，并安排送货路线，告知相关人员送货要求。

（7）填写当天销售日报及公司制订的各项报表。

（8）更新客户资料表格，将新开发的客户按拜访顺序增加到每天固定拜访的线路中。

（9）回顾总结今日工作情况，并安排明天工作计划及重点工作。

四、工作标准

（1）拜访客户的数量：每日固定拜访客户数量不得低于 40 家。

（2）订单成交率：每日订单客户数量不得低于 60%。计算方式为：每

日订单客户数量 = 订货的商店数量/实际拜访的客户数量。

（3）产品项铺市率：重点品项铺市率不得低于80%，计算方式为：重点品项铺市率 = 分销商店的家数/所有商店家数，基础品项铺市率不得低于60%。

（4）每日销售量：每日销量不得低于600元。以当天填写销量报表数量为依据，或者以经销每天销售金额为准。

（5）新客户开发：每周新开发客户数量不得低于10家。

工具十一 业务人员工作手册

业务人员工作手册（模板）

1. 公司介绍

主要包括公司简介、历史发展、公司规模、公司优势等。

2. 企业组织结构和业务人员岗位职责

主要包括企业组织架构体系、各岗位人员职责。

3. 营销人员行为规范

主要包括营销人员理念、营销人员的工作纪律、营销人员基本功、营销人员语言规范和接打电话注意事项、营销人员行为规范等。（详见工具一）

4. 业务人员管理制度

主要包括营销人员考勤管理制度（详见工具二）、出差管理制度（工具三）、薪酬管理细则（详见工具五）。

5. 工作流程

主要包括作业流程、拜访路程等相关业务流程（详见第二章第一节，参考工具一、工具二）等。

6. 一线人员营销技巧及注意事项

主要包括市场开发业务流程和技巧、经销商管理技巧、终端管理技巧、投诉处理原则和技巧、导购管理技巧等。

7. 一线业务人员管理表格

主要包括终端明细表、客户开发计划表、销售日报、周报、月报等表格。（详见工具十三、十四）

8. 常见问题答疑

主要包括产品知识（产品特性、竞品优劣势）、行业知识，回答消费者、经销商的常见疑难问题。

工具十二　销售部管理白皮书

销售部管理白皮书（模板）

一、销售部××年度规划

主要内容包括行业情况分析、企业分析（swot 分析）、竞品分析、企业年度目标、企业战略目标、企业发展策略（产品、促销、渠道策略）等。

二、销售部组织架构图

主要包括各个职能部门的组织架构图（包括人员定岗、定编情况）、各级人员的岗位职责等。

三、销售部薪酬体系与考核办法

主要包括人员职级划分、薪酬标准、考核办法等（可参考第一章、工具五薪酬和绩效考核管理细则，以及工具六绩效考核的模板工具）。

四、销售指标分解表

主要包括年度销售任务（销量和销售额）、销售品项分解表、月度销售任务分解表、销售费用分解表，各区域年度、月度销售任务和销售费用分解表，经销商年度、月度任务分解表等。

五、产品价格体系表

主要包括企业产品的出厂价、批发价、零售价的价格体系。

六、销售部管理制度

主要包括人员招聘管理制度、人员晋升管理制度、合同管理制度、经销商管理制度、宣传管理制度、市场费用核销管理制度、出差管理制度、话费管理制度、销售部奖惩管理办法等。

工具十三　终端建设标准化操作细则

1. 目的

树立产品市场形象，加强终端服务管理，不断拓展终端网络，提高产品市场覆盖率和占有率，促进产品销售。

2. 范围

本作业指导书适用于各级市场管理人员对公司终端市场工作的管理。

3. 职责

在流程/程序中描述。

4. 程序/流程

终端建设标准化流程如表 7－35 所示。

表 7－35　终端建设标准化流程

<table>
<tr><th>序号</th><th colspan="2">分类</th><th>规　　范</th><th>运行要点</th><th>职　责</th></tr>
<tr><td rowspan="3">1</td><td rowspan="3">产品形象</td><td>货架</td><td>1. 按产品年龄段和产品类别横向或纵向摆放（商超有其他摆放规定的除外）
2. 将主推品种放在最佳位置
3. 每个产品的展示面，平面不得少于 2 个，立式面不少于 3 个
4. 严禁直接在产品包装上粘贴宣传促销品</td><td rowspan="3">1. 产品陈列架位要争取最佳位置以示形象，并常年保持
2. 品种齐全（受商超品种限制，以畅销品种和主要推广品种优先入场），保持进入商超销售的产品、品种不断档
3. 规模大、销量大、竞争激烈的大型商超要争取设立端架或专柜，必须付费的，付费也要设置，并常年保持
4. 在当地规模大、销量大、竞争激烈的大型商超可根据需要定期或不定期设置堆头
5. 在开展促销活动时，为增强效果，必要的堆头可以设立</td><td rowspan="3">1. 导购员具体实施和保持
2. 业务代表负责谈判、确定
3. 业务主管批准和检查
4. 业务主任进行监督</td></tr>
<tr><td>端架</td><td>1. 按产品系列摆放，分出层次
2. 给予每个品种充分的展示面
3. 在特价或促销期间，可以设立单一品种的端架</td></tr>
<tr><td>堆头端头</td><td>1. 争取好位置、大面积
2. 突出主打品种
3. 分层摆放，扩大展示面积
4. 长年设立的堆头，符合公司统一制作规格的，公司可以提供
5. 商超提供的堆头必须使用公司下发的 POP 海报进行装饰</td></tr>
<tr><td rowspan="2">2</td><td rowspan="2">终端服务</td><td>售前</td><td>勤送快销，及时理货</td><td>对商超的库存产品进行理货，先进的产品先出库，避免商超库存积压，因货架期较长而影响销售</td><td>代理商、理货员落实</td></tr>
<tr><td>售中</td><td>热情周到服务，积极推介产品，搞好客情关系</td><td>1. 强化导购员在商超中的作用
2. 代理商要专门设定负责商超工作的业务人员</td><td>业务主管、业务代表落实</td></tr>
<tr><td rowspan="2">3</td><td rowspan="2">终端服务</td><td>售中</td><td>对货架期较长的产品及时促销消化</td><td>产品货架期超过六个月，应及时收回，集中到大型商超促销消化，或采取其他促销方式消化</td><td>业务代表、主管拟订方案，主任批准，业务代表实施，代理商、导购员予以配合</td></tr>
<tr><td>售后</td><td>1. 及时、妥善解决产品质量投诉问题
2. 收集消费者反馈的产品信息，整理、分析并加以改进</td><td></td><td>导购员、业务代表、业务主管落实</td></tr>
</table>

续表

序号	分类		规　　范	运行要点	职　责
4	终端目标	销量	直供的零售商超、商店销量占总销量1/3以上，争取达到1/2	1. 掌握本地市场A、B、C、D网点的数量和分布，根据进入状况，制订分批、分期进入计划，并实施 2. 安排专人负责落实，逐步拓展终端市场网络	业务主管、业务代表、代理商配合落实
		铺市率	A、B类店达100% C、D类店达80%		
5	终端费用		进场费、堆头费、管理费、陈列费、促销费、端架费、海报费等必须支付的费用由厂家负责支付	掌握市场费用行情，提高与商超的谈判技巧，合理有效利用费用，并严格履行手续	见市场费用管理作业指导书

工具十四　销售日报、周报、月报汇报管理制度

业务人员销售日报、周报、月报汇报管理制度（模板）

为规范公司营销运作，提高营销人员工作效率，公司营销人员日常管理以报表形式记录工作过程、运行工作流程、检验工作成果，公司特制订本制度。

一、报表的类型

1. 工作记录表格

（1）《营销人员工作日记表》

（2）《营销人员客户拜访登记表》

（3）《产品铺货率表》

2. 检验结果表格

（1）《营销人员客户信息调研表》

（2）《营销人员周工作报表》

（3）《营销人员月工作报表》

以上表格内容根据公司日常经营运作可适时调整（相关表格模板参照终端常用工具表）。

二、报表管理程序

（1）市场部负责各类报表格式及相关要求的制订，报总经理批准后发放给公司每一位营销人员。

（2）营销人员负责及时、准确地填写相关业务报表，并按规定以电子邮件或书面形式上交给公司市场部。

（3）市场部经理指定专人收集汇总、跟踪验证、分析提炼相关报表信息。

（4）市场部负责将所有信息处理意见及原始报表一并转发给公司总经理。

（5）市场部负责将报表处理意见及时反馈给营销人员。

三、报表填写说明

1.《营销人员工作日记表》

（1）作用：一是便于营销人员每天对自己的工作进行检查回顾，保证工作效率；二是便于对营销人员进行日工作总结；三是便于营销人员和公司市场部之间有效沟通，包括市场信息的及时反馈和公司为营销人员提供及时有力的支持。

（2）有效填写：客户拜访部分根据当天的实际拜访情况如实填写，包括工作量的统计数据和文字表述内容的填写，重点部分的内容是把重要的客户、显著成绩和需要处理的棘手问题分列出来，达到突出重点以方便检索的目的。其他部分内容按表上蓝色字提示如实填写即可，但如果在信息部分有任务要求，每个人都得按任务完成。

（3）使用方法：《日报表》于次日早上在公司晨会上统一汇报，个人留存备档备查。

营销人员应养成记录走访日记的习惯，进行必要的信息采集记录，以便日后跟踪进程、总结查询有依据。

2.《营销人员客户拜访登记表》

（1）作用：一是便于有计划、有目的地拜访客户，保证拜访效果；二是便于把握细节；三是便于公司更好地为营销提供服务，如××客户已公关至何种状态，相关人员要注意哪些方面的细节，提供哪些方面的服务。

（2）有效填写：一是要求每次进行客户拜访前需制订详细计划；二是记录每次拜访达成的效果和客户方的重要细节；三是便于对客户进行评估和分类，以便指导下一步的工作；四是针对该客户前面所有的进展情况确定下一步行动计划；五是针对该客户需求提供支持（要求每位客户一份表格）。该表应以每个客户为单位生成一个文件，按时间顺序排序。

（3）使用方法：个人留存备档备查。

3.《营销人员客户信息调研表》

（1）作用：一是便于收集客户档案，有效服务于客户；二是便于公司对营销人员的销售业绩进行考核评价。

（2）有效填写：每次拜访客户结束，均需填写客户拜访报告表，并且增加的内容用蓝色字体区别。这张表不要求一次完成，而是贯穿在对客户跟踪和服务的全过程里。

（3）提交办法：有更新内容时及时交市场部备案。该表由营销人员留档，放在客户拜访报告文件的首页，该文件不但应有详细的客户档案，而且还需有为该企业服务的全过程记录。

4.《营销人员周工作报表》

（1）作用：包括本周的工作小结和下一周的工作计划，有利于营销人员提高工作效率，把握工作节奏，并及时进行总结和分析，对自己的工作进行评价，改进和完善工作方法。同时，该报表也是公司更好地为营销人员服务的依据。

（2）有效填写：每周五按时完成此表，小结是针对本周工作进行总结，找出问题，寻找解决问题的办法；计划是针对下一周工作进行规划，清楚工作即将达成的重要目标，清楚哪些重点拜访的客户和列出一周的拜访计划。

（3）提交办法：本报表原则上要求每周例会后交市场部，若有特殊原因不能按时提交，必须在下周一前补交，否则以缺勤一周计。

5.《营销人员月工作报表》

（1）作用：财务意义上的阶段性小结和计划，强调工作指标的把握，以及对工作方向的指导和调整。

（2）有效填写：每月末最后一天填写，除了强调的工作重点需要针对具体事务进行填写之外，其他都是概括性的内容。

（3）提交办法：于每月末最后一天下班前交给市场部，若有特殊原因不能按时提交，必须在第二月的2日前补交，否则以缺勤一月计。

四、报表检查管理规定

（1）营销人员相关业务报表填写不完全，有缺三项以上的，销售部给予提醒一次。

（2）如相关报表填写不实，有造假者或对已发生的信息（如投标中的报价）汇报不及时的，有重大信息隐瞒不报的，销售部报经总经理批准后，给予警告一次。

（3）营销人员相关报表迟发或未发者，销售部给予提醒或警告一次。

（4）请假期间可不发相关报表，但需向销售部提供书面请假条，否则按未发报表处理。

（5）公司法定节假日期间可不发送相关报表，但在节假日期间有重要信息的，节假日结束的工作周报中要及时汇报。

本办法自发布之日起开始实行。

工具十五　促销推广执行标准

促销活动执行标准（模板）

一、促销活动开展流程

1. 试饮工作流程

第一，准备工作：

（1）检查所需备品是否准备齐全（品尝杯、售卖产品、面巾纸等）。

（2）检查促销台面及周围广宣是否布置妥当。

（3）熟练掌握产品卖点、使用标准促销宣传语。

（4）仪容大方得体。

第二，操作标准：

（1）选择客流集中处进行终端拦截品尝。

（2）品尝杯杯口向下置于促销台左上角处，品尝时自上方拿取。

（3）消费者品尝时，在品尝杯内倒入饮品，约为杯子的三分之二即可。

（4）品尝过程中促销员要及时向消费者介绍产品卖点及促销政策。

（5）向消费者推荐时的标准用语——“你好，欢迎品尝××公司××”。

（6）向消费者道别时的标准用语——“谢谢，欢迎再次购买××”。

2. 终端整箱促销的操作流程

活动前一周对终端店面进行走访调查，必须将相关点位生动化陈列，将地堆、端架形象布置完毕，同时在开展促销活动时必须针对店内正常排面及货源进行跟进。

第一，促销地点的选择依据以下两点：

（1）客流集中、整体购买力高。

（2）乡镇集市、终端旺点或闹市街区。

第二，广宣布置需要注意以下几点：

（1）实货堆箱陈列（要求形式新颖，有气势，有视觉冲击力）。

（2）促销主题突出，活动信息告知明确。

（3）爆炸贴、条幅等助陈物的使用要标准、规范。

（4）使用形象统一的四角篷、促销台等。

（5）促销品捆绑整齐、方向一致，要注重整体的视觉传达效果。

第三，人员分工注意以下几点：

（1）每个四角篷内1～2人（根据售卖、引导、收银进行合理分工）。

（2）销量目标落实到每场活动，责任落实到每位促销人员。

（3）根据促销地实际情况规定促销员的用餐休息时间，保证促销点位的全天售卖。

（4）促销点位负责人对促销活动方式随时抽查提问，保证促销员对活动的熟悉程度。

（5）乡镇、集市的整箱促销活动每个点位配备扩音器一个。

二、相关汇报流程

（1）每周促销活动计划（含点位、时间、形式、活动效果等）由各促销小分队队长/负责人于每周一12：00前反馈到市场推广部。

（2）每天活动结束后，将当天促销活动的实际开展效果按点位短信上报给市场推广部推广专员，并将次日促销活动计划上报市场推广部推广经理。

（3）营销推广组核查情况，汇总后转交督导部，督导部安排人员抽查后反馈给营销推广小组，营销推广小组将促销活动完成情况以邮件的形式下发到营销群进行通报。

三、促销活动跟踪考核流程及惩罚制度流程

除对各促销拓展小分队队长进行考核外，促销活动跟踪考核要求督导部根据具体促销活动检查表格进行抽查，并将真实的促销活动情况及时反馈给市场推广部推广专员，由促销督导员协助督察，进行促销活动

抽查。

督导部核查后对小分队的促销活动效果及进度情况形成书面汇报，对促销活动未达到标准，或促销人员没有培训等情况，每发现一次营销服务小组即通报批评一次，并根据情节轻重处罚相关责任人 50 元～300 元，每月三次通报批评后，促销人员要在月总结会议上自动进行述职，营销推广小组安排优秀促销人员或执行队员进行竞岗。

工具十六　推广活动申报审批报销流程规范

促销活动申请、审批、结案流程与制度

一、活动申请、审批流程

活动申请、审批流程如图 7－3 所示。

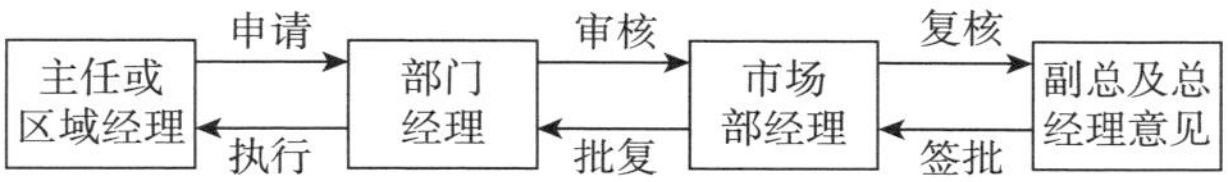

图 7－3　活动申请、审批流程图

说明：（1）销售办事处主任或大区经理根据市场情况制订活动个案，将活动申请表提报给销售部门经理进行初审，初审后转交给市场部经理。

（2）市场部经理根据提报的方案和办事处主任或大区经理进行沟通，对活动方案提出改进意见，将可执行的方案提报给副总经理和总经理，总经理审批通过后可执行。

二、活动结案流程

活动结案流程如图 7－4 所示。

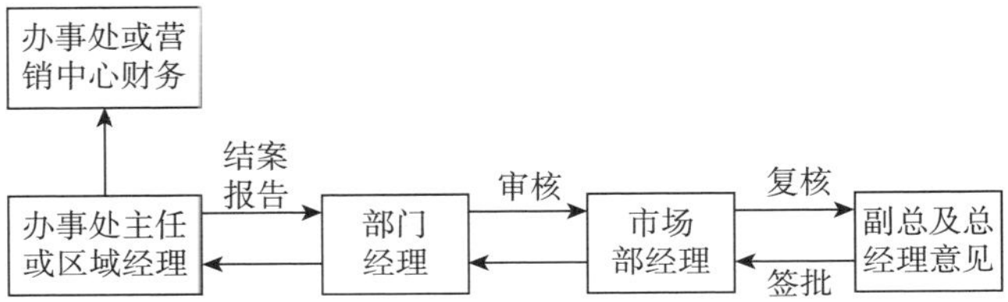

图7-4　活动结案流程图

说明：（1）促销活动结束后，办事处主任或大区经理备齐活动结案所需资料填写活动结案审批表交给部门经理初审，部门经理审核无误后，办事处主任或大区经理于活动结束三日内转交给市场部市场督导。

（2）市场督导根据活动结案的标准对活动的执行效果、活动费用和结案资料进行审核，审核无误后提报给市场部经理，市场部经理再提报给副总经理和总经理。

（3）总经理审批同意后，按照审批的结案费用转给财务部进行结案。

三、具体规定

1. 活动提报内容、方式及时间

活动提报如表7-36所示。

表7-36　活动提报

项目	提报内容（范例见附件）	提报方式	提报对接人	提报时间
活动申请	××办事处××活动申请表	钉钉	营销中心市场部经理	活动前至少七个工作日
	××办事处××活动细案	钉钉		
活动结案	××办事处××活动结案报告审批表	钉钉	营销中心市场部市场督导	活动后三个工作日内
	××办事处××活动结案报告	钉钉		

2. 活动提报内容填写说明

（1）活动申请表和活动结案审批表各一页，要求简明、全面、突出重点地填写表中各项内容。活动申请表重点内容为促销方式、费用预算（包括赠品费用）效果预估；结案报告重点内容为实际费用说明、效果对比。

（2）活动申请表要和活动细案一致，结案报告审批表要和结案报告一致。

（3）活动细案和结案报告要求内容翔实，分别对活动申请表和结案报告审批表中各个项目进行详细分析和补充说明。

①活动细案要求详细制订各环节的具体执行要求和具体内容，以便指导活动实施。

②活动结案报告要求对实际费用、销量评估，对活动执行效果进行评估（活动方式、促销人员、活动地点），并对活动审批表的预估费用和预估效果与活动结案报告审批表的实际费用和实际效果进行对比总结，以指导下一次活动，详细内容参考附表《活动结案报告审批表》和《活动结案报告》。

（4）促销活动发生的费用应该以实际结案审批的费用为准，活动申请中的费用作为预提费用申请。财务部门以实际结案的费用冲抵预提费用，计入办事处或销售部费用，超出结案部分费用和不合格部分费用由个人承担。

（5）提报内容具体填写方式见附件范例。范例为填写格式及内容的指导方案，其中所列项目为必须填写内容，各办事处可根据实际情况完善提报内容。

3. 活动提报对接人及时间说明

（1）活动申请表和活动细案必须在活动开始之日前至少七个工作日提交给营销中心企划专员，企划专员在一个工作日内通过电话或传真给出回复意见。如活动申请中包含物料制作等周期较长的准备项目，可酌情提前提交时间，并在申请表中活动时间一栏注明特殊情况。

（2）活动结案审批表和结案报告必须在活动结束的三日内提交给营销中心市场督导，市场督导根据已审批的促销活动申请和推广专员沟通，与原活动申请方案对比无误后，方可进行结案，在市场督导出差时，结案工作可由推广专员代理。如未及时上交结案报告，市场督导会打电话提醒相关人员，经过提醒后仍然没有上交，每个结案报告对责任人进行 20 元罚款，从当月工资中扣除。

附件 1：促销活动申请

附件 2：促销活动细案

附件 3：促销活动结案报告审批表

附件4：促销活动结案报告

附件1

促销活动申请如表7－37所示。

表7－37　××××地区促销活动申请

活动目的	加大通路渠道的销售，增加产品终端销量
活动主题	合作共赢、分享无限
活动范围	××××地区
活动时间	2018.4.20－2018.5.20
活动对象	冰红茶、矿泉水、柠檬饮品等传统产品
促销方式	奖品促销、巡回品尝
活动内容	5件送围裙1件　促销比例：2.3% 10件送T恤1件　促销比例：2.7% 20件送电饭锅1个（价值90元）　促销比例：6.2% 50件送不锈钢电热壶1个（价值180元）　促销比例：4.7% 100件送九阳电磁炉1个（价值300元）　促销比例：4.4%
费用预算	以冰红茶44元/件为准，所赠送奖品费用占销售额的4.06%，预计销售额100万元，促销平均占比4.06%，按比例需40600元的赠品
效果预估	预计销售额100万元，比2017年同期上浮65%（3月销售79.4万元，2017年同期销售63万元）
办事处主任或区域专员	年　月　日
销售部意见	年　月　日
市场部意见	年　月　日
总经理意见	年　月　日

附件2：

××××地区促销活动细案

1. 活动主题

合作共赢、分享无限。

2. 活动目的

加大通路渠道的销售，增加产品的销量。

加强产品终端市场拉力，增加销量。

3. 活动时间与活动范围

活动时间：2018. 4. 20 – 2018. 5. 20

活动地点：××××地区

4. 活动内容

（1）通路：

针对冰红茶、矿泉水、柠檬饮品传统产品进行奖品促销；（经销商订货数量附赠奖品比例由××食品有限公司发放）

××经销商发放奖品按照以下标准执行：

①5 件送围裙 1 件；

②10 件送 T 恤 1 件；

③20 件送电饭锅 1 个（价值 90 元）；

④50 件送不锈钢电热壶 1 个（价值 180 元）；

⑤100 件送九阳电磁炉 1 个（价值 300 元）。

（2）终端：

宣传活动：

①增派促销人员 4 名，由所在促销区域业务员安排进行巡回品尝免费、横幅宣传和发放宣传资料。

②在尽可能大的地域范围内向消费者发放宣传资料（DM），从细节方面让消费者了解某个产品。

5. 费用预算

以冰红茶 44 元/件为准，所赠送奖品费用占销售额的 4. 06%，如加大包装费用不到 4. 06%。

预计销售额 100 万元，促销平均占比 4. 06%，按比例需要 40600 元的赠品。

6. 效果预估

预计销售额 100 万元，比 2017 年同期上浮 65%（3 月销售 79. 4 万元，

2017 年同期销售 63 万元）。

7. 工作排期

工作排期如表 7－38 所示。

表 7－38　工作排期

项目	内容	完成时间	负责人
洽谈活动	区域专员		销售部区域专员
奖品准备	围裙、T 恤、电饭锅、电热壶、电磁炉		销售部
货物准备	根据订单准备货物及试吃物品		销售部经理
物料准备	DM 单：200 张/店×20 家＝4000 张 条幅：12 家×1＝12 条 一次性尝杯 20000 个 车辆安排：运送车辆一台 X 展架：4 个 展架上的宣传画：10 个		市场部 促销主管
配货及堆头摆放	为各店送货、物料装饰	活动前一天	销售部区域专员
人员培训	促销主管：带队进行工作职责和工作内容培训 促销员：培训销售技巧		市场部经理

某某食品有限公司促销奖品回访如表 7－39 所示。

表 7－39　某某食品有限公司促销奖品回访表

××区：　　　　　××市场：　　　　　　日期：　　年　　月　　日

以下敬请客户详细填写，以便为您提供更好的服务					
序号	姓名	市场区域	电话	订购产品及数量	领取奖品
1					
2					
3					
……					
……					
20					
经销商确认		区域专员确认		客户专员确认	

××客服热线电话：

郑重声明：请各地经销商严格按照标准执行，区域销售专员进行检查，如截留奖品，一经发现，取消后期促销活动。

附件 3

× ×促销活动结案报告审批表如表 7 – 40 所示。

表 7 – 40　× ×促销活动结案报告审批表

基本信息	活动目的：
	活动主题：
	活动范围：
	活动时间：
	活动对象：
	活动方式：
实际费用	场地陈列费： 促销用品费用： 制作物费用： 广告费用： 促销员费用： 提案费用合计：　　　　实际费用合计：
效果评估	活动前后销量对比分析： 实际活动费用率 实际销售增长率 活动目的实现程度： 本次活动预计平均单场销售__元，共计销售__元。实际完成__元，目标达成率为__% 本次活动平均单场产生费用__元，活动目标费用率为__%，实际费用率为__%，比预期降低__个百分点
市场督导审核意见	年　月　日
部门经理审核意见	年　月　日
总经理审批意见	年　月　日

附件 4

××地区促销活动结案报告如表 7-41 所示。

表 7-41 ××地区促销活动结案报告

实际费用说明	
销量评估说明	活动前后对比说明（如果销售为多品项，需要说明各品项销量）
活动效果评估说明	1. 促销人员评估： 2. 活动方式评估： 3. 活动现场评估： 4. 活动地点评估：

工具十七　终端宣传话术

产品介绍话术

（1）产品介绍的意义：让顾客明白价值，判断产品的优劣，和竞品有什么区别，进而购买我们的产品。

（2）产品的介绍技巧：FABE 法

F：Features　　特征　　为什么有这种优点？

A：Advantage　优点　　有哪些优点？

B：Benefit　　利益　　这些优点对顾客有什么好处？

E：Evidence　　证据　　凭什么证明你所说的一切？

（3）话术篇一：

F：特征——×××是大品牌，采用先进设备和工艺，采用优质的原料生产糖果，价格还不贵。（用荣誉和代言人说明）

A：优点——×××产品品种多，口味全，不但有×××，还有×××和×××。我们的产品包装精美，口味新颖，价格还实惠。

B：利益——您可以任意挑选，大人小孩都爱吃，×××产品是大品牌，送礼有面子，产品口味好，包装时尚，年轻人特别喜欢。价格也合适。

E：证据——刚才那位就买了很多，很多顾客吃完以后还来买。

话术篇二：

F：特征——欢迎选购×××产品，大品牌，好吃还不贵。

A：优点——×××是大品牌，我们的品种多，质量好，包装高档大方，非常好吃，更适合现代人的口味。

B：利益——过年了，买点×××，非常适合家庭消费，送礼也很有档次。大人小孩都爱吃，而且价格也不贵。

E：证据——刚才那位顾客就买了好多盒，说是自己留几盒，其他送亲戚朋友。

工具十八　常用的流程图

1. 业务拜访八步骤流程图

业务拜访流程如图 7－5 所示。

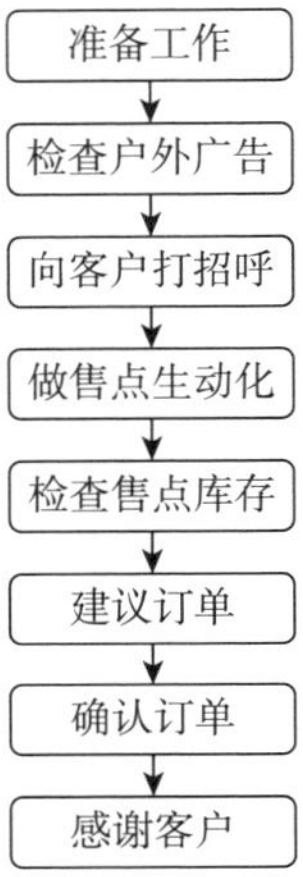

图 7－5　业务拜访流程图

2. 仓储业务流程图

仓储业务流程如图 7－6 所示。

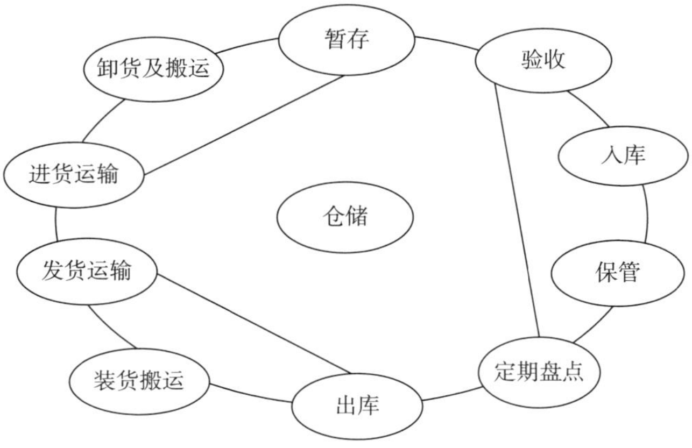

图 7－6　仓储业务流程图

3. 发货流程图

发货流程如图 7 –7 所示。

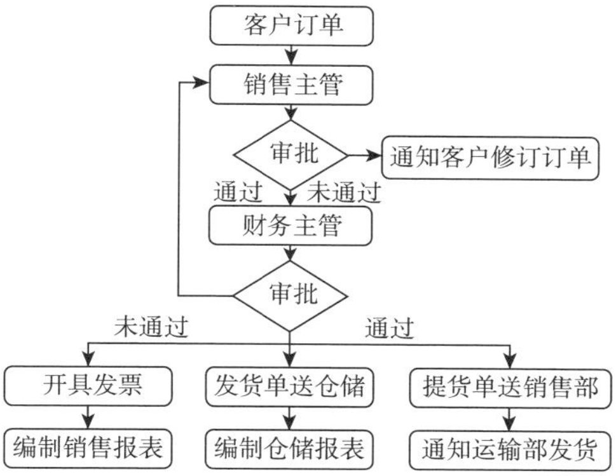

图 7 –7　发货流程图

4. 营销人员管理流程图

营销人员管理流程如图 7 –8 所示。

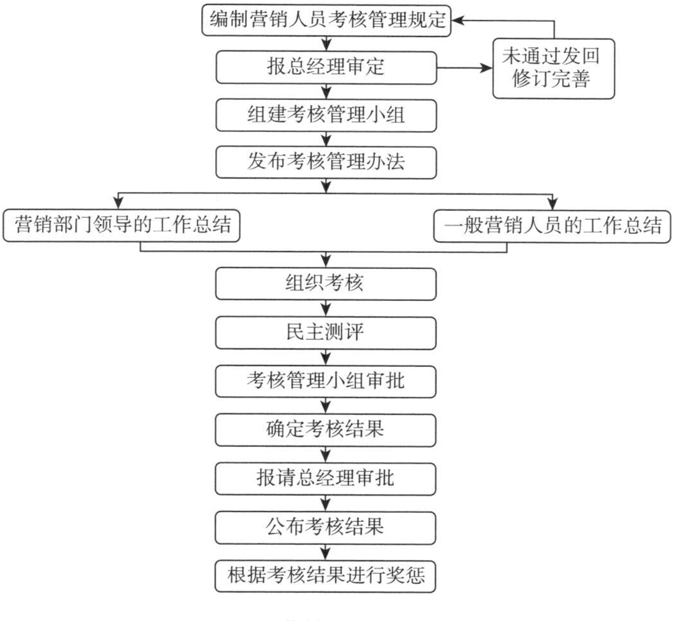

图 7 –8　营销人员管理流程图

5. 客户访问接待管理流程图

客户访问接待管理流程如图 7 -9 所示。

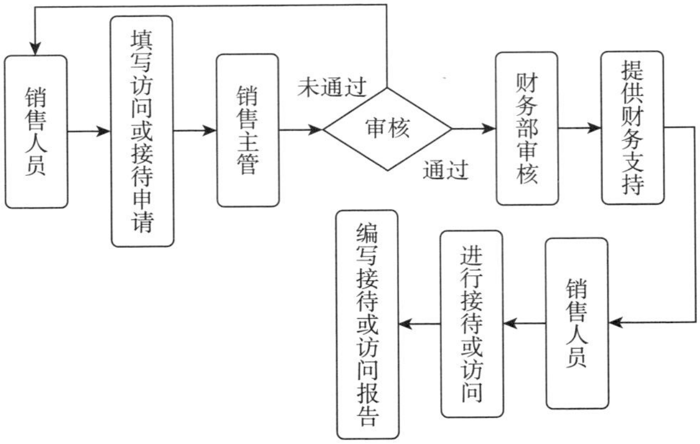

图 7 -9　客户访问接待管理流程图

6. 合同签核流程图

合同签核流程如图 7 -10 所示。

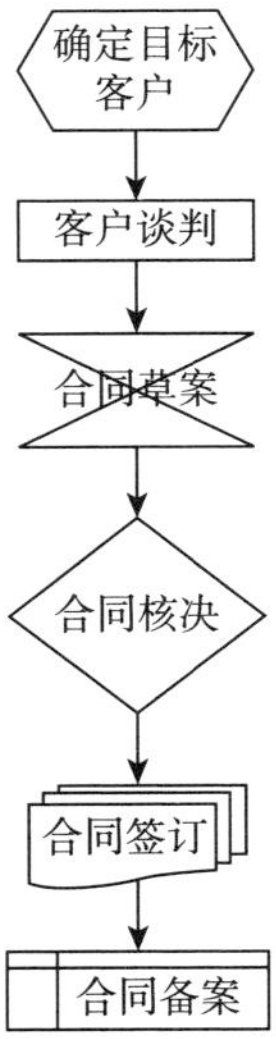

图 7 -10　合同签核流程图

7. 订货执行流程图

订货执行流程如图 7 – 11 所示。

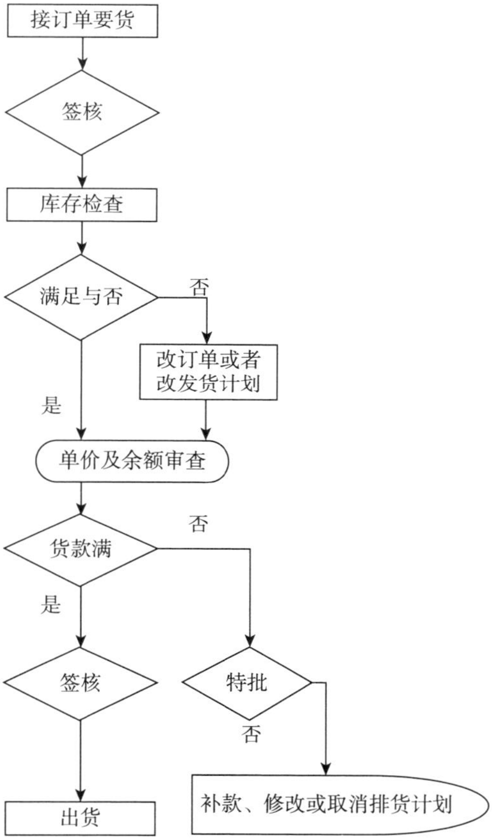

图 7 – 11　订货执行流程图

8. 退换货流程图

退换货流程如图 7 – 12 所示。

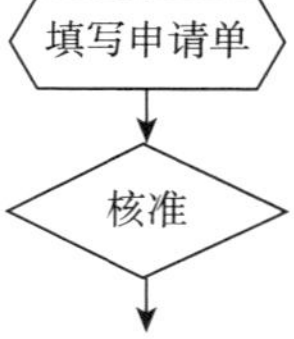

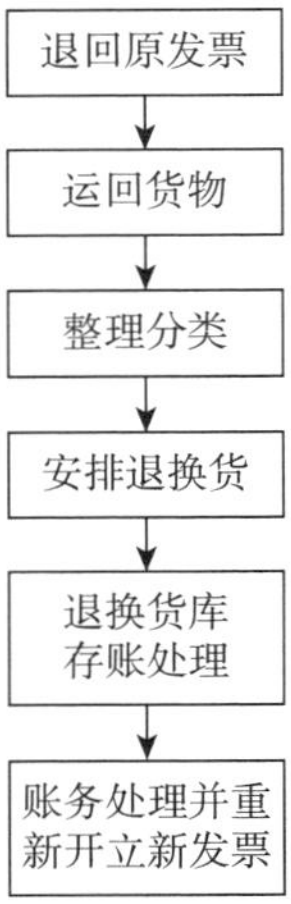

图 7 – 12　退换货流程图

9. 临期品处理流程图

临期品处理流程如图 7 – 13 所示。

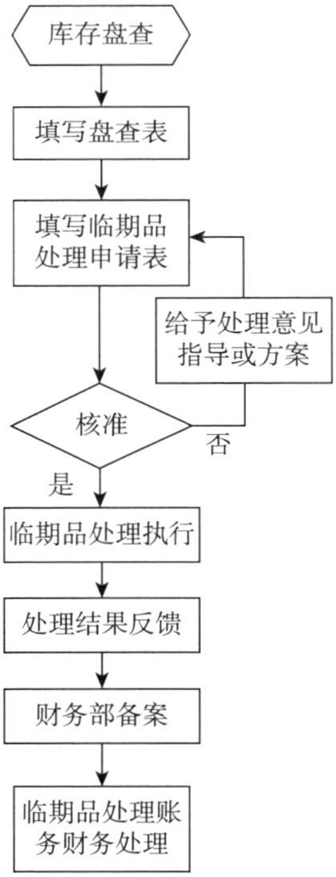

图 7 – 13　临期品处理流程图

10. 客户投诉处理流程图

客户投诉处理流程如图 7－14 所示。

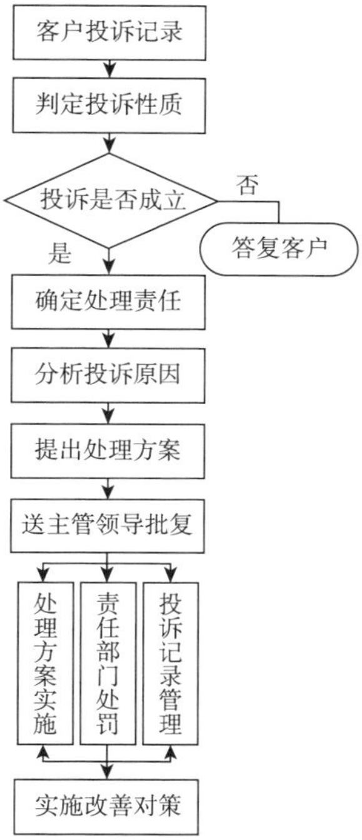

图 7－14　客户投诉处理流程图

工具十九　终端常用工具表

客户信息明细如表 7－42 所示。

表 7－42　客户信息明细表

区域：　　　　填表人：　　　　　　　　时间：　　　月　　　日

序号	客户编号	客户名称	地址	电话	联系人	职务	面积	渠道类别	渠道级别	备注
1										
2										
……										
N										

备注：此表用于新开发客户记录和老客户登记使用。

终端门店清单如表 7－43 所示。

表 7－43　终端门店清单

序号	门店信息									业务人员信息			
	门店编号	门店名称	具体地址	店长姓名	店长电话	老板姓名	老板电话	面积	级别	直接负责人	城市经理	省区经理	拜访频次
1								300 ㎡以上	A				每周一次
2								300 ㎡以上	B				两周一次
3								100 ㎡以下	C				每月一次
……													
N													

区域：　　　　填表人：　　　　　　　　　　时间：　　　月　　　日

通路开发计划如表 7－44 所示。

表 7－44　通路开发计划表

区域	编制人数	实到人数	社区人口（人）	计划客户数	现客户数	开户计划数											
						1 月	2 月	3 月	4 月	5 月	6 月	7 月	8 月	9 月	10 月	11 月	12 月
			小计														
……																	
			小计														
……																	
			小计														
			小计														
合计																	
月销售额预估（万元）																	

区域：　　　　填表人：　　　　　　　　　　时间：　　　月　　　日

销售日报、周报、月报表等相关表格（示例）

客户拜访卡如表 7－45 所示。

表 7－45 客户拜访卡（客户拜访表）

业务员姓名：　　　　　　　　　　　　走访时间：　　年　　月　　日

拜访辅助物品	客户联系卡、行程拜访表、产品目录、抹布、胶带、POP 海报等																
序号	店名	地址	联系人	联系电话	进店时间	离店时间	物料使用	总品项	货架牌面	整箱数量	促销活动	临期品名称及数量	总品项	货架牌面	整箱数量	促销活动	备注
1																	
……																	
12																	
问题反馈及解决建议：																	
业务主管复核：																	

业务人员工作日报表如表 7－46 所示。

表 7－46 业务人员工作日报表

年　　月　　日　　　星期：　　　　　　区域：　　　　　　填表人：

序号	门店名称	门店类型	分销 SKU 数									陈列及促销（有且醒目填“2”，有则填“1”，没有则填“0”）				核心竞品信息		备注
			产品1	产品2	产品3	产品4	产品5	产品6	产品7	产品8	产品9	货架位置评级	端架/堆头	店内宣传	VS 竞品是否有优势	竞品促销活动	促销品数量	
1																		
……																		
8																		
需改善项目																		
整改措施																		

门店检查表如表 7－47 所示。

表 7－47　门店检查表

销售区域：　　　　业务人员：　　　　检查日期：　　年　　月　　日

序号	客户名称	访问时间	接洽者	访问目的						商谈结果			客户类别			预定再见时间
				订货	收款	开发	服务	说明	其他	决定	未定	失败	开发	新增	原有	
1																
……																
N																
今日访问家数：		明日预定访问家数：				今日订单总计：					本月销售累计：					
市场动态品质反馈客户抱怨建议事项																

货架位置评级："2" 陈列较好，货架为视平线位置，有多处陈列；"1" 能够较容易找到货架的产品陈列；"0" 不容易找到货架产品陈列。

备注：赠品是否充足、货龄是否新鲜等其他问题。

营销人员周工作表如表 7－48 所示。

表 7－48　营销人员周工作表

销售区域：　　　　业务人员：

项目	拜访门店清单	重点工作事项	问题反馈	后续行动计划	是否解决	销售目标	实际达成
本周计划							
本周临时事项							

月份客户状况表如表 7－49 所示。

表 7－49　月份客户状况表

销售区域：　　　　业务人员：

姓名	原有客户数	计划开户数	有效开户数	现有客户数	成功率
……					
合计					

铺货率统计对照表如表 7－50 所示。

表 7－50 铺货率统计对照表

区域：　　　　业务代表：　　　　　　时间：　　月　　日至　　月　　日

区域	应访客户数	实访客户数	项目	指定品项	品项铺货率
周一			家数		
			铺货率		
周二			家数		
			铺货率		
周三			家数		
			铺货率		
周四			家数		
			铺货率		
周五			家数		
			铺货率		
周六			家数		
			铺货率		
周日			家数		
			铺货率		
合计			家数		
			铺货率		

注：家数指有此品项铺货的店数，铺货率＝家数/实访客户数。地市级只考核品项铺货率，阶段性重点产品铺货率另行单独考核。

使用说明：1. 家数指有此品项铺货的店数；铺货率＝家数÷实访客户数。

2. 对照制订目标拜访率和考核铺货率。

市场检核表（示例）

销售主管协同拜访记录如表 7－51 所示。

表 7－51 销售主管协同拜访记录

区域：　　　主管：　　　业务代表：　　　　　时间：　　月　　日

目前熟练程度及例证	需精进项目及例证	具体行动步骤	后期跟进及衡量指标
		动作： 1. 2. 3	动作： 1. 2. 3.

续表

目前熟练程度及例证	需精进项目及例证	具体行动步骤	后期跟进及衡量指标
		关键指标： 1. 2. 3.	关键指标： 1. 2. 3.
需求支援：			

备注：主管协同下属拜访时填写。

主管检核表如表7－52所示。

表7－52　主管检核表

区域：　　　　　　　填表人：　　　　　　　　　　　时间：　　年　　月　　日

日期	检核内容及方式	被检核结果及主管意见	检核人签字	被检核人签字

备注：此表每位业务代表建立一张，主管保存。主管填写当月对该业务代表的逐次检核结果，月底作为奖金考核依据。

相关表格填写说明如表7－53所示。

表7－53　相关表格填写说明

表格名称	填写人	填写频次	具体使用说明	提交对象
《客户门店清单》	门店直接负责人	一个月内统计完成，每两周更新一次	直接填写电子版，更新完后打印，随身携带纸质版，并及时记录信息更新	交经理及销售管理中心存档
《门店拜访记录表》	门店直接负责人	每个工作日拜访门店后填写	打印纸质版，每个门店拜访后填写。填写门店每个品类的铺货SKU数，以及终端执行情况	每天工作结束后，拍照发给省区经理审核，经理检查存档
《门店铺货登记表》	门店直接负责人	一个门店一张，每次拜访后填写，每张可填写五次，填写完后再打印一张，装订成册	每次拜访门店时针对门店的分销铺货情况做详细记录，在有铺货的SKU单元格填1，没有则不填。可协助对每个门店的铺货情况做统计、回顾和跟进	填完后自己存档，由省区经理定期核查

续表

表格名称	填写人	填写频次	具体使用说明	提交对象
《业务周报表》	门店直接负责人	每周六填写	每周回顾当周工作重点，记录问题，跟进处理。后期可回顾事项的处理进度	每周工作结束后，拍照发给经理审核，经理检查存档

工具二十　例会管理制度

销售部周例会制度（模板）

一、目的

（1）检查、掌握公司日常运营、管理工作执行情况，规范公司管理，促进公司上下沟通与合作。

（2）提高公司各部门执行工作目标的效率，追踪各部门工作进度。

（3）集思广益，提出改进性及开展性的工作方案。

（4）协调各部门的工作方法、工作进度、人员及设备的调配。

二、公司周工作例会

（1）会议组织、责任部门：行政部。

（2）会议主持人（主要发言人）：销售经理或经理指定人员。

（3）会议参加人：销售部全体人员，由于出差等特殊原因不能参加例会的，应提前向行政办公室请假。

（4）列席人员：视事实需要，可让其他有关人员出席。

（5）会议记录人：行政办。

（6）会议时间：每周一九点，特殊原因需要延期召开、停开及临时增加会议的由行政办提前通知。

（7）会议地点：销售部会议室。

（8）会议议程：

①企业口号，由会议主持人带领与会者说：“大家早上好。”与会者应回答：“好，很好，非常好！”全体人员应具备一个良好的心态。

②主持人对上一周的重点工作进行总结，包括主要的工作内容、原定计划（上周例会决定事项）的执行情况及在执行过程中出现的问题及解决办法，有哪些不足需要加以改进，针对存在的问题进行沟通研讨，制订解决方案（如未得到解决的问题进行讨论，找到及时的调解和处理的办法），对本周的工作计划进行布置、规划，追踪并改进日常管理工作，传达、解释总部的最新政策、文件和要求，对部门工作及部门人员进行点评。

③各岗位员工汇报上一周主要的工作内容、原定计划的执行及完成情况，在执行的过程中出现的问题及解决办法，有哪些不足需要加以改进，针对存在的问题进行沟通研讨，制订解决方案（比如针对未得到解决的问题进行讨论，找到及时的调解和处理办法），按照工作要求和指标，根据自己的实际对本周工作计划进行阐述。

④对上一周发生的重点、难点、热点问题进行探讨（比如客户提出的问题，公司、工厂存在的问题等），达成共识，对本周工作存在的困难进行研究，找出解决方案。

⑤每人根据一周工作实际提出一项以上合理化建议，以改进部门工作，提出有利于公司经营管理和工厂正常运行的方法和意见。

三、会议程序和要求

1. 会议相关人员的要求

（1）主持人应不迟于会前五分钟到达会场，做好会前准备。

（2）主持人一般应于会议开始后，将会议的议题、议程、需要解决的问题及达成目标、议程推进中应注意的问题等进行简要的说明。

（3）主持人应根据会议进行中的实际情况，对议程进行适时、必要的控制，并有权限定发言时间和中止与议题无关的发言，以确保议程顺利推进，提高会议效率。

（4）对于讨论、决策性议题的会议，主持人应引导参会者做出总结性的结论。对需要集体讨论决定的事项应加以归纳和复述，适时提交，让与会人表明意见；对未决定事项亦应加以归纳并引导参会者就其后续安排统一意见。

（5）主持人应将会议决议事项付诸实施的程序、实施人（部门）、达成标准和时间等告知与会人员。

（6）公司行政部负责会议通知，会议要求的各种资料需在会议前准备好。

（7）与会人员必须严格遵守会议时间，应尽量提前两分钟到达开会地点，如有特殊原因临时不能参加会议，应提前通知主持人。

2. 议题准备

会议召开前会议主持人须做好例会的准备，会议前和相关人员拟定会议议题（主题），通知与会人员等，不能毫无准备地召开例会，各岗位人员要围绕议题做好充分准备，要有明确具体方案或意见，避免会议时间过长。

3. 发言要点

（1）与会人员汇报工作、讨论问题等，其发言要围绕会议议程和主要议题，简明扼要，条理清楚，发言时间一般控制在3~5分钟。

（2）不要总是抓住一个问题不放，要拿出一些有代表性的问题来解决，一些特殊的问题可以会后单独处理，要是觉得有必要，可以在以后的时间把解决问题的过程公布，对常规的一些问题进行针对性的渗透。

4. 会议记录

（1）行政部需负责做会议内容记录，做好会议原始记录的日常归档、保管工作；会后整理《会议记录》，《会议记录》要标明会议召开的时间（格式为年/月/日/时/分）、地点、议题、主持人、记录人、与会人员、缺席人员、详细会议内容（发言记录）、商议结果等，会议记录应简明扼要反映会议内容，并准确真实地反映与会人员的意图，在会后两个工作日内整理完毕，以文件形式（含电子文档）报总经办备案。

（2）各与会人员均应记录会议要点，与本身工作相关内容应详记，以便对日后工作有指导意义。

（3）以专用会议记录本做好会议的原始记录，会议记录应尽量采用实录风格，确保记录的原始性，对会议已决定事项，应在原始记录中注明“决议”字样。

（4）下列情况下，应整理会议纪要：公司各类临时行政会议；须会后对会议精神贯彻落实进行跟进的会议；主持人要求整理会议纪要的会议。

（5）会议纪要的发放或传阅范围由主持人确定。公司各类临时行政会议的会议纪要须报总经办存档一份备查。

（6）会议内容的跟踪落实。会议跟进的依据以会议原始记录及会议纪要为准。与会人员及各有关部门要认真执行会议决定的事项，严格按照会议决定的内容开展相关工作并及时向有关负责人汇报工作进展情况。

5. 周会纪律

（1）与会人员必须认真对待会议主题，积极发表自己的见解，对发表意见的真实性、可行性负责，并且要注意条理清晰，简明扼要。会议发言应言简意赅，紧扣议题。遵循会议主持人对议程控制的要求。

（2）与会人员要准时到会，没有特殊情况不得缺席周会，不得迟到、早退，中途不得随意离场。主持人因工作需要不能参加周会，要提前指定主持人。其他人员不能参加周会者，应当事先请假，并提前将上一周工作情况和本周工作计划以书面形式交给主持人。

（3）与会者必须严格遵守会议纪律，不得随意走动、交头接耳，周会期间不得接听电话，所有与会人员应将随身携带的手机调至无声或振动状态。如情况紧急可向主持人请假，到会议室外面接听电话。

（4）所有与会人员统一着正装，准备好笔和笔记本。

（5）例会上讨论的问题属于公司机密，参会人员必须遵守公司的保密制度，保守公司机密。会议记录为公司的机要档案，保管人员不得擅自外泄。其调阅应严格按公司文档管理制度和保密制度的有关规定执行。

6. 处罚规定

（1）迟到、早退、缺席

①迟到：所有参加会议的人员在会议规定召开时间后五分钟内未到的，计为迟到。

②早退：凡参加会议人员，如未经主持人同意在会议召开结束前五分钟提前离开会场的，计为早退。

③缺席：凡必须参加会议人员未经请假擅自不参加会议或请假未批准而不参加会议的，计为缺席。

（2）处罚

①无故缺席人员罚款二十元，并给予通报批评；无故迟到人员每迟到一分钟罚站五分钟，以此类推。

②会议期间手机发出声音者罚站半小时或上台表演一个节目。

③凡因通知原因造成应参加会议人员迟到或缺席的，以上处罚由传达人承担。

④违反保密制度的人员将视严重程度给予相应的行政处分。

⑤本条涉及的罚款将作为员工活动经费由公司行政部统一保管。

7. 工作周报管理

办公周例会要求各岗位员工采用工作周报的方式，向全体与会人员通报本部门上周工作完成情况及下周工作计划。周报具体要求如下：

（1）周报内容要求：工作周报包括上周工作总结与本周工作计划（请按附件模板要求填写）。

（2）周工作总结要求：对照周计划目标，逐条总结完成情况及主要工作，总结中应说明工作重点、达到的效果以及工作经验和教训。

（3）对存在的问题要做出简要说明及分析，分析对目标实现产生重要影响的问题及导致该问题的关键因素。

（4）对未尽工作和存在问题提出进一步解决方案。

（5）本周工作计划：要逐条列出本周各项工作计划。要指明各项工作预计结束时间、本周的工作目标、是否需要上级或其他相关人员的配合等。

（6）由于特殊原因（出差、休假、重要事宜处理等）未按时提交工作周报者，应及时向行政部相关人员说明原因，经批准后，可在事由结束后二日内补交工作周报。

（7）上述考核由行政部负责。

四、附则

本制度解释权归行政部，本制度执行自总经理批准之日起施行。

附件：《会议纪要》《工作周报表》

附件一：会议纪要

周例会会议纪要如表 7－54 所示。

表 7－54 周例会会议纪要

会议名称					
会议日期		会议时间		会议地点	
主持人			记录人		
与会人员					
缺席人员					
会议主题					
会议内容：					建议：
会议总结：					

附件二：工作周报表

工作周报表如表 7－55 所示。

表 7－55　第 × 周工作周报表

部门		填表人		日期	
项目	内容				
上周工作总结	工作内容/进展情况		存在问题		分析、建议
本周工作计划	主要事项			工作目标	
备注					

部门负责人：

推荐作者得新书!

博瑞森征稿启事

亲爱的读者朋友:

感谢您选择了博瑞森图书! 希望您手中的这本书能给您带来实实在在的帮助!

博瑞森一直致力于发掘好作者、好内容,希望能把您最需要的思想、方法,一字一句地交到您手中,成为管理知识与管理实践的桥梁。

但是我们也知道,有很多深入企业一线、经验丰富、乐于分享的优秀专家,或者忙于实战没时间,或者缺少专业的写作指导和便捷的出版途径,只能茫然以待……

还有很多在竞争大潮中坚守的企业,有着异常宝贵的实践经验和独特的洞察,但缺少专业的记录和整理者,无法让企业的经验和故事被更多的人了解、学习……

对读者而言,这些都太遗憾了!

博瑞森非常希望能将这些埋藏的"宝藏"发掘出来,贡献给广大读者,让更多的人从中受益。

所以,我们真心地邀请您,我们的老读者,帮我们搜寻:

推荐作者

可以是您自己或您的朋友,只要对本土管理有实践、有思考;可以是您通过网络、杂志、书籍或其他途径了解的某位专家,不管名气大小,只要他的思想和方法曾让您深受启发。

可以是管理类作品,也可以超出管理,各类优秀的社科作品或学术作品。

推荐企业

可以是您自己所在的企业,或者是您熟悉的某家企业,其创业过程、运营经历、产品研发、机制创新,等等。无论企业大小,只要乐于分享、有值得借鉴书写之处。

总之,好内容就是一切!

博瑞森绝非"自费出书",出版费用完全由我们承担。您推荐的作者或企业案例一经采用,我们会立刻向您赠送书币 1000 元,可直接换取任何博瑞森图书的纸书或电子书。

感谢您对本土管理原创、博瑞森图书的支持!

推荐投稿邮箱:bookgood@126.com　　推荐手机:13611149991

企业案例·老板传记

书名．作者		内容/特色	读者价值
企业案例·老板传记	**你不知道的加多宝：原市场部高管讲述** 曲宗恺　牛玮娜　著	前加多宝高管解读加多宝	全景式解读，原汁原味
	借力咨询：德邦成长背后的秘密 官同良　王祥伍　著	讲述德邦是如何借助咨询公司的力量进行自身与发展的	来自德邦内部的第一线资料，真实、珍贵，令人受益匪浅
	娃哈哈区域标杆：豫北市场营销实录 罗宏文　赵晓萌　等著	本书从区域的角度来写娃哈哈河南分公司豫北市场是怎么进行区域市场营销，成为娃哈哈全国第一大市场、全国增量第一高市场的一些操作方法	参考性、指导性，一线真实资料
	六个核桃凭什么：从0过100亿 张学军　著	首部全面揭秘养元六个核桃裂变式成长的巨著	学习优秀企业的成长路径，了解其背后的理论体系
	像六个核桃一样：打造畅销品的36个简明法则 王　超　范　萍　著	本书分上下两篇：包括"六个核桃"的营销战略历程和36条畅销法则	知名企业的战略历程极具参考价值，36条法则提供操作方法
	解决方案营销实战案例 刘祖轲　著	用10个真案例讲明白什么是工业品的解决方案式营销，实战、实用	有干货、真正操作过的才能写得出来
	招招见销量的营销常识 刘文新　著	如何让每一个营销动作都直指销量	适合中小企业，看了就能用
	我们的营销真案例 联纵智达研究院　著	五芳斋粽子从区域到全国/诺贝尔瓷砖门店销量提升/利豪家具出口转内销/汤臣倍健的营销模式	选择的案例都很有代表性，实在、实操！
	中国营销战实录：令人拍案叫绝的营销真案例 联纵智达　著	51个案例，42家企业，38万字，18年，累计2000余人次参与……	最真实的营销案例，全是一线记录，开阔眼界
	双剑破局：沈坤营销策划案例集 沈　坤　著	双剑公司多年来的精选案例解析集，阐述了项目策划中每一个营销策略的诞生过程，策划角度和方法	一线真实案例，与众不同的策划角度令人拍案叫绝、受益匪浅
	宗：一位制造业企业家的思考 杨　涛　著	1993年创业，引领企业平稳发展20多年，分享独到的心得体会	难得的一本老板分享经验的书
	简单思考：AMT咨询创始人自述 孔祥云　著	著名咨询公司（AMT）的CEO创业历程中点点滴滴的经验与思考	每一位咨询人，每一位创业者和管理经营者，都值得一读
	边干边学做老板 黄中强　著	创业20多年的老板，有经验、能写、又愿意分享，这样的书很少	处处共鸣，帮助中小企业老板少走弯路
	三四线城市超市如何快速成长：解密甘雨亭 IBMG国际商业管理集团　著	国内外标杆企业的经验＋本土实践量化数据＋操作步骤、方法	通俗易懂，行业经验丰富，宝贵的行业量化数据，关键思路和步骤
	中国首家未来超市：解密安徽乐城 IBMG国际商业管理集团　著	本书深入挖掘了安徽乐城超市的试验案例，为零售企业未来的发展提供了一条可借鉴之路	通俗易懂，行业经验丰富，宝贵的行业量化数据，关键思路和步骤

互联网＋

书名．作者		内容/特色	读者价值
互联网＋	**新营销** 刘春雄　著	新营销的新框架体系是场景是产品逻辑，IP是品牌逻辑，社群是连接逻辑，传播是营销逻辑	助力品牌商实现由传统营销到新营销的理念和行动的跨越，助力企业打赢升级转型之仗
	企业微信营销全指导 孙　巍　著	专门给企业看到的微信营销书，手把手教企业从小白到微信营销专家	企业想学微信营销现在还不晚，两眼一抹黑也不怕，有这本书就够

续表

互联网+	**企业网络营销这样做才对:B2B 大宗 B2C** 张　进　著	简单直白拿来就用,各种窍门信手拈来,企业网络营销不麻烦也不用再头疼,一般人不告诉他	B2B、大宗 B2C 企业有福了,看了就能学会网络营销
	互联网时代的银行转型 韩友诚　著	以大量案例形式为读者全面展示和分析了银行的互联网金融转型应对之道	结合本土银行转型发展案例的书籍
	正在发生的转型升级·实践 本土管理实践与创新论坛　著	企业在快速变革期所展现出的管理变革新成果、新方法、新案例	重点突出对于未来企业管理相关领域的趋势研判
	触发需求:互联网新营销样本·水产 何足奇　著	传统产业都在苦闷中挣扎前行,本书通过鲜活的案例告诉你如何以需求链整合供应链,从而把大家熟知的传统行业打碎了重构、重做一遍	全是干货,值得细读学习,并且作者的理论已经经过了他亲自操刀的实践检验,效果惊人,就在书中全景展示
	移动互联新玩法:未来商业的格局和趋势 史贤龙　著	传统商业、电商、移动互联,三个世界并存,这种新格局的玩法一定要懂	看清热点的本质,把握行业先机,一本书搞定移动互联网
	微商生意经:真实再现 33 个成功案例操作全程 伏泓霖　罗晓慧　著	本书为 33 个真实案例,分享案例主人公在做微商过程中的经验教训	案例真实,有借鉴意义
	阿里巴巴实战运营——14 招玩转诚信通 聂志新　著	本书主要介绍阿里巴巴诚信通的十四个基本推广操作,从而帮助使用诚信通的用户及企业更好地提升业绩	基本操作,很多可以边学边用,简单易学
	阿里巴巴实战运营 2:诚信通热卖技巧 聂嵘海　著	诚信通 TOP 商家赚钱的密码箱,手把手教你操作,拿来就用	图文并茂,内容齐全,直接可以对照使用
	抖音营销如何做:未来抖商 刘大贺　著	解密从 0 到 1 亿粉丝的实操路径,深度剖析抖音营销全系统策略	企业做抖音营销的第一书
	微商团队长:从入门到精通 罗品牌　著	由浅入深,涵盖微商团队长必学技能的方方面面	只要照着做,就能当好微商团队长
	互联网精准营销 蒋　军　著	怎么在互联网时代整体策划、包装品牌和产品,并在此基础上为企业设计商业模式,技术实现并运营落地	为有基础的小微企业(大企业的新项目)1 年实现销售额过亿,2 年对接资本,3 年左右准 IPO
	今后这样做品牌:移动互联时代的品牌营销策略 蒋　军　著	与移动互联紧密结合,告诉你老方法还能不能用,新方法怎么用	今后这样做品牌就对了
	互联网+"变"与"不变":本土管理实践与创新论坛集萃·2016 本土管理实践与创新论坛　著	本土管理领域正在产生自己独特的理论和模式,尤其在移动互联时代,有很多新课题需要本土专家们一起研究	帮助读者拓宽眼界、突破思维
	创造增量市场:传统企业互联网转型之道 刘红明　著	传统企业需要用互联网思维去创造增量,而不是用电子商务去转移传统业务的存量	教你怎么在"互联网+"的海洋中创造实实在在的增量
	重生战略:移动互联网和大数据时代的转型法则 沈　拓　著	在移动互联网和大数据时代,传统企业转型如同生命体打算与再造,称之为"重生战略"	帮助企业认清移动互联网环境下的变化和应对之道
	画出公司的互联网进化路线图:用互联网思维重塑产品、客户和价值 李　蓓　著	18 个问题帮助企业一步步梳理出互联网转型思路	思路清晰、案例丰富,非常有启发性
	7 个转变,让公司 3 年胜出 李　蓓　著	消费者主权时代,企业该怎么办	这就是互联网思维,老板有能这样想,肯定倒不了
	跳出同质思维,从跟随到领先 郭　剑　著	66 个精彩案例剖析,帮助老板突破行业长期思维惯性	做企业竟然有这么多玩法,开眼界

续表

行业类：零售、白酒、食品/快消品、农业、医药、建材家居等			
书名．作者		内容/特色	读者价值
零售·超市·餐饮·服装	**总部有多强大,门店就能走多远** IBMG 国际商业管理集团　著	如何把总部做强,成为门店的坚实后盾	了解总部建设的方法与经验
	超市卖场定价策略与品类管理 IBMG 国际商业管理集团　著	超市定价策略与品类管理实操案例和方法	拿来就能用的理论和工具
	连锁零售企业招聘与培训破解之道 IBMG 国际商业管理集团　著	围绕零售企业组织架构、培训体系建设等内容进行深刻探讨	破解人才发现和培养瓶颈的关键点
	中国首家未来超市:解密安徽乐城 IBMG 国际商业管理集团　著	介绍了乐城作为中国首家未来超市从无到有的传奇经历	了解新型零售超市的运作方式及管理特色
	三四线城市超市如何快速成长:解密甘雨亭 IBMG 国际商业管理集团　著	揭秘一家三四线连锁超市的经验策略	不但可以欣赏它的优点,而且可以学会它成功的方法
	新零售　新终端 迪智成咨询团队　著	梳理和提炼新零售的系统打法,将之落地在新终端建设上	让新零售这一看似形而上的商业概念有了可以落地的立足点
	新零售动作分解:建材　家居家具 盛斌子　著	第一本锁定在家居建材、家电、家装等耐用消费品领域谈新零售的书	第一本谈新零售的具体动作、策略、方法、招术的书,拿来就用
	新零售进化趋势与未来格局 李政权　著	通过业态、品类、体验、场景等,逐一呈现新零售的未来进化	就新零售未来的发展方向与进化趋势给出一个确定性的未来
	涨价也能卖到翻 村松达夫　【日】	提升客单价的 15 种实用、有效的方法	日本企业在这方面非常值得学习和借鉴
	移动互联下的超市升级 联商网专栏频道　著	深度解析超市转型升级重点	帮助零售企业把握全局、看清方向
	手把手教你做专业督导:专卖店、连锁店 熊亚柱　著	从督导的职能、作用,在工作中需要的专业技能、方法,都提供了详细的解读和训练办法,同时附有大量的表单工具	无论是店铺需要统一培训,还是个人想成为优秀的督导,有这一本就够了
	百货零售全渠道营销策略 陈继展　著	没有照本宣科、说教式的絮叨,只有笔者对行业的认知与理解,庖丁解牛式的逐项解析、展开	通俗易懂,花极少的时间快速掌握该领域的知识及趋势
	零售:把客流变成购买力 丁　昀　著	如何通过不断升级产品和体验式服务来经营客流	如何进行体验营销,国外的好经营,这方面有启发
	餐饮企业经营策略第一书 吴　坚　著	分别从产品、顾客、市场、盈利模式等几个方面,对现阶段餐饮企业的发展提出策略和思路	第一本专业的、高端的餐饮企业经营指导书
	餐饮新营销 杨　勇　程绍珊　著	在新环境下,对餐饮营销管理进行了全面深入的解读,提供了方式方法	全面性、系统性,区别于市面上的纯操作类作品
	电影院的下一个黄金十年:开发·差异化·案例 李保煜　著	对目前电影院市场存大的问题及如何解决进行了探讨与解读	多角度了解电影院运营方式及代表性案例
	赚不赚钱靠店长:从懂管理到会经营 孙彩军　著	通过生动的案例来进行剖析,注重门店管理细节方面的能力提升	帮助终端门店店长在管理门店的过程中实现经营思路的拓展与突破
耐消品	**商用车经销商运营实战** 杜建君　王朝阳　章晓青　等著	从管理到经营,从销售到服务,系统化运作全指导	为经销商经营开阔思路,掌握方法
	汽车配件这样卖:汽车后市场销售秘诀 100 条 俞士耀　著	汽配销售业务员必读,手把手教授最实用的方法,轻松得来好业绩	快速上岗,专业实效,业绩无忧

续表

耐消品	**润滑油销售:这样说这样做更有效** 张金荣　著	针对渠道、经销商、终端的超实用话术	上车看,下车用,3分钟就能学会。
	新经销:新零售时代,教你做大商 黄润霖　著	从选址、产品、促销、团队、规模阐述新经销变与不变的市场手法和操作思路	实地拜访近100位经销商在传统营销手法上的创新、新营销工具的发现
	珠宝黄金新营销 崔德乾　著	营销、品牌、产品、连接、场景、社群、服务、传播、管理及产业价值链	新营销在珠宝行业的实战应用,业内必备第一书
	跟行业老手学经销商开发与管理:家电、耐消品、建材家居 黄润霖　著	全部来源于经销商管理的一线问题,作者用丰富的经验将每一个问题落实到最便捷快速的操作方法上去	书中每一个问题都是普通营销人亲口提出的,这些问题你也会遇到,作者进行的解答则精彩实用
白酒	**酒水饮料快消品餐饮渠道营销手册** 朱伟杰　著	主要针对快消品(酒水、饮料)的餐饮渠道,提供了区域、商圈、不同业态的规划和促销安排等多种工具,并提出了经销商、批发商等相关人员的管理方法	一本酒水饮料如何在餐饮渠道销售的全能手册,内容深入翔实,可以直接照搬套用,这样的便利简直千金不换
	白酒到底如何卖 赵海永　著	以市场实战为主,多层次、全方位、多角度地阐释了白酒一线市场操作的最新模式和方法,接地气	实操性强,37个方法、6大案例帮你成功卖酒
	变局下的白酒企业重构 杨永华　著	帮助白酒企业从产业视角看清趋势,找准位置,实现弯道超车的书	行业内企业要减少90%,自己在什么位置,怎么做,都清楚了
	1. 白酒营销的第一本书(升级版) **2. 白酒经销商的第一本书** 唐江华　著	华泽集团湖南开口笑公司品牌部长,擅长酒类新品推广、新市场拓展	扎根一线,实战
	区域型白酒企业营销必胜法则 朱志明　著	为区域型白酒企业提供35条必胜法则,在竞争中赢销的葵花宝典	丰富的一线经验和深厚积累,实操实用
	10步成功运作白酒区域市场 朱志明　著	白酒区域操盘者必备,掌握区域市场运作的战略、战术、兵法	在区域市场的攻伐防守中运筹帷幄,立于不败之地
	酒业转型大时代:微酒精选2014-2015 微酒　主编	本书分为五个部分:当年大事件、那些酒业营销工具、微酒独立策划、业内大调查和十大经典案例	了解行业新动态、新观点,学习营销方法
快消品·食品	**中国快消品营销的这些年** 史贤龙　著	作者精华文章的合集,一本书浓缩了过去十五年,中国营销的实战历程与前沿思考	快消品营销行业的案例和方法都原汁原味呈现,在反映当时风貌的同时,展望与反思
	营销中国茶:2小时读懂茶叶营销 史贤龙　著	从不同视角对中国的茶营销进行了思考,内容涉及中国茶产业战略困境、茶企规模化、茶品牌崛起、茶文化、茶营销、茶消费、茶零售、茶道等	内容丰富扎实,文字流畅,浓缩的都是精华,让你2小时读懂茶叶营销
	这样打造快消品标杆市场 罗宏文　著	帮助你解决如何成功打造标杆市场和进行持续增量管理两大问题	一套系统的方法论,通俗易懂,可以直接套用
	5小时读懂快消品营销:中国快消品案例观察 陈海超　著	多年营销经验的一线老手把案例掰开了、揉碎了,从中得出的各种手段和方法给读者以帮助和启发	营销那些事儿的个中秘辛,求人还不一定告诉你,这本书里就有
	快消品招商的第一本书:从入门到精通 刘　雷　著	深入浅出,不说废话,有工具方法,通俗易懂	让零基础的招商新人快速学习书中最实用的招商技能,成长为骨干人才
	乳业营销第一书 侯军伟　著	对区域乳品企业生存发展关键性问题的梳理	唯一的区域乳业营销书,区域乳品企业一定要看

续表

快消品·食品	金龙鱼背后的粮油帝国 余　盛　著	讲述金龙鱼品牌及母公司丰益国际的商业冒险故事	在精彩的阅读体验中学到营销管理的方法
	食用油营销第一书 余　盛　著	10多年油脂企业工作经验，从行业到具体实操	食用油行业第一书，当之无愧
	中国茶叶营销第一书 柏　龑　著	如何跳出茶行业"大文化小产业"的困境，作者给出了自己的观察和思考	不是传统做茶的思路，而是现在商业做茶的思路
	调味品企业八大必胜法则 张　戟　著	八大规律性的关键成功要素，背后都有本土调味品企业的成功实践	"观点阐述＋案例描述"，行业必读
	调味品营销第一书 陈小龙　著	国内唯一一本调味品营销的书	唯一的调味品营销的书，调味品的从业者一定要看
	快消品营销人的第一本书：从入门到精通 刘　雷　伯建新　著	快消行业必读书，从入门到专业	深入细致，易学易懂
	变局下的快消品营销实战策略 杨永华　著	通胀了，成本增加，如何从被动应战变成主动的"系统战"	作者对快消品行业非常熟悉、非常实战
	快消品经销商如何快速做大 杨永华　著	本书完全从实战的角度，评述现象，解析误区，揭示原理，传授方法	为转型期的经销商提供了解决思路，指出了发展方向
	快消品营销：一位销售经理的工作心得2 蒋　军　著	快消品、食品饮料营销的经验之谈，重点图书	来源与实战的精华总结
	快消品营销与渠道管理 谭长春　著	将快消品标杆企业渠道管理的经验和方法分享出来	可口可乐、华润的一些具体的渠道管理经验，实战
	成为优秀的快消品区域经理（升级版） 伯建新　著	用"怎么办"分析区域经理的工作关键点，增加30%全新内容，更贴近环境变化	可以作为区域经理的"速成催化器"
	销售轨迹：一位快消品营销总监的拼搏之路 秦国伟　著	本书讲述了一个普通销售员打拼成为跨国企业营销总监的真实奋斗历程	激励人心，给广大销售员以力量和鼓舞
	快消老手都在这样做：区域经理操盘锦囊 方　刚　著	非常接地气，全是多年沉淀下来的干货，丰富的一线经验和实操方法不可多得	在市场摸爬滚打的"老油条"，那些独家绝招妙招一般你问都是问不来的
	动销四维：全程辅导与新品上市 高继中　著	从产品、渠道、促销和新品上市详细讲解提高动销的具体方法，总结作者18年的快消品行业经验，方法实操	内容全面系统，方法实操
农业	饲料营销有方法：策略　案例　工具 陈石平　著	跳出饲料看饲料，根据饲料营销的关键成功要素（KSF）提出7大核心命题	紧跟农牧产业发展大势，提高饲料企业营销竞争力
	新农资如何换道超车 刘祖轲　等著	从农业产业化、互联网转型、行业营销与经营突破四个方面阐述如何让农资企业占领先机、提前布局	南方略专家告诉你如何应对资源浪费、生产效率低下、产能严重过剩、价格与价值严重扭曲等
	中国牧场管理实战：畜牧业、乳业必读 黄剑黎　著	本书不仅提供了来自一线的实际经验，还收入了丰富的工具文档与表单	填补空白的行业必读作品
	中小农业企业品牌战法 韩　旭　著	将中小农业企业品牌建设的方法，从理论讲到实践，具有指导性	全面把握品牌规划，传播推广，落地执行的具体措施
	农资营销实战全指导 张　博　著	农资如何向"深度营销"转型，从理论到实践进行系统剖析，经验资深	朴实、使用！不可多得的农资营销实战指导
	农产品营销第一书 胡浪球　著	从农业企业战略到市场开拓、营销、品牌、模式等	来源于实践中的思考，有启发
	变局下的农牧企业9大成长策略 彭志雄　著	食品安全、纵向延伸、横向联合、品牌建设……	唯一的农牧企业经营实操的书，农牧企业一定要看

续表

医药	在中国，医药营销这样做：时代方略精选文集 段继东　主编	专注于医药营销咨询15年，将医药营销方法的精华文章合编，深入全面	可谓医药营销领域的顶尖著作，医药界读者的必读书
	医药新营销：制药企业、医药商业企业营销模式转型 史立臣　著	医药生产企业和商业企业在新环境下如何做营销？老方法还有没有用？如何寻找新方法？新方法怎么用？本书给你答案	内容非常现实接地气，踏实谈问题说方法
	医药企业转型升级战略 史立臣　著	药企转型升级有5大途径，并给出落地步骤及风险控制方法	实操性强，有作者个人经验总结及分析
	新医改下的医药营销与团队管理 史立臣　著	探讨新医改对医药行业的系列影响和医药团队管理	帮助理清思路，有一个框架
	医药营销与处方药学术推广 马宝琳　著	如何用医学策划把“平民产品”变成“明星产品”	有真货、讲真话的作者，堪称处方药营销的经典！
	医药行业大洗牌与药企创新 林延君　沈　斌　著	一方面，围绕着变革，多角度阐述药企的应对之道；另一方面，紧扣实践，介绍近百家医药企业创新实践案例	医改变革10年，医药企业如何应对大洗牌？重磅出击的药企人必读书
	新医改了，药店就要这样开 尚　锋　著	药店经营、管理、营销全攻略	有很强的实战性和可操作性
	电商来了，实体药店如何突围 尚　锋　著	电商崛起，药店该如何突围？本书从促销、会员服务、专业性、客单价等多重角度给出了指导方向	实战攻略，拿来就能用
	OTC医药代表药店销售36计 鄢圣安　著	以《三十六计》为线，写OTC医药代表向药店销售的一些技巧与策略	案例丰富，生动真实，实操性强
	OTC医药代表药店开发与维护 鄢圣安　著	要做到一名专业的医药代表，需要做什么、准备什么、知识储备、操作技巧等	医药代表药店拜访的指导手册，手把手教你快速上手
	引爆药店成交率1：店员导购实战 范月明　著	一本书解决药店导购所有难题	情景化、真实化、实战化
	引爆药店成交率2：经营落地实战 范月明　著	最接地气的经营方法全指导	揭示了药店经营的几类关键问题
	引爆药店成交率：专业化销售解决方案 范月明　著	药品搭配分析与关联销售	为药店人专业化助力
	处方药合规推广实战宝典 赵佳震　著	推广体系搭建、推广人员岗位工作内容、推广服务外包商管理等六个方面	解决“医药代表转型”和“推广服务外包商管理”的困惑
	医药代理商实操全指导：新环境　新战法 戴文杰　著	结合医药市场政策环境解读新环境下医药招商的战法，着重分析药品产业链的盈利机会	医药销售业务人员的必备读物
	攻略基层诊所：医药营销这样做 张江民　著	对基层诊所的开发、维护和动销，拿来就用的方式方法	实战是本书的主旨，只要用心去看，就能在基层诊所市场中运用
	互联网医药的未来 动脉网　编著	介绍了互联网医药发展的现状与趋势	帮助创业者和投资人看清未来，把握当下
	处方药零售这样做 田　军　著	阐述了处方药零售的重要性，以及做处方药零售市场的具体措施和方法	系统性了解和掌握处方药零售方法
建材家居	成为最赚钱的家具建材经销商 李治江　著	从销售模式、产品、门店等老板们最关注和最需要的方面解决问题、提供方法	只要你是建材、家具、家居用品的经销商老板，这就是一本必读的书
	定制家居黄金十年 韩　锋　翁长华　著	梳理了定制家居的商业模式和发展情况	帮助定制家居看清方向，把握当下
	家具建材促销与引流 薛　亮　李永峰　著	十大促销模式的详细方法和工具	让你天天签大单

续表

建材家居	**家具行业操盘手** 王献永　著	家具行业问题的终结者	解决了干家具还有没有前途？为什么同城多店的家具经销商很难做大做强等问题
	建材家居营销：除了促销还能做什么 孙嘉晖　著	一线老手的深度思考，告诉你在建材家居营销模式基本停滞的今天，除了促销，营销还能怎么做	给你的想法一场革命
	建材家居营销实务 程绍珊　杨鸿贵　主编	价值营销运用到建材家居，每一步都让客户增值	有自己的系统、实战
	家居建材门店6力爆破 贾同领　著	合盘道出一线品牌销量秘籍	6力招招见血，既有招数，又有策略
	建材家居门店销量提升 贾同领　著	店面选址、广告投放、推广助销、空间布局、生动展示、店面运营等	门店销量提升是一个系统工程，非常系统、实战
	10步成为最棒的建材家居门店店长 徐伟泽　著	实际方法易学易用，让员工能够迅速成长，成为独当一面的好店长	只要坚持这样干，一定能成为好店长
	手把手帮建材家居导购业绩倍增：成为顶尖的门店店员 熊亚柱　著	生动的表现形式，让普通人也能成为优秀的导购员，让门店业绩长红	读着有趣，用着简单，一本在手、业绩无忧
	建材家居经销商实战42章经 王庆云　著	告诉经销商：老板怎么当、团队怎么带、生意怎么做	忠言逆耳，看着不舒服就对了，实战总结，用一招半式就值了
工业品	**销售是门专业活：B2B、工业品** 陆和平　著	销售流程就应该跟着客户的采购流程和关注点的变化向前推进，将一个完整的销售过程分成十个阶段，提供具体方法	销售不是请客吃饭拉关系，是个专业的活计！方法在手，走遍天下不愁
	解决方案营销实战案例 刘祖轲　著	用10个真案例讲明白什么是工业品的解决方案式营销，实战、实用	有干货、真正操作过的才能写得出来
	变局下的工业品企业7大机遇 叶敦明　著	产业链条的整合机会、盈利模式的复制机会、营销红利的机会、工业服务商转型机会……	工业品企业还可以这样做，思维大突破
	工业品市场部实战全指导 杜　忠　著	工业品市场部经理工作内容全指导	系统、全面、有理论、有方法，帮助工业品市场部经理更快提升专业能力
	工业品营销管理实务 李洪道　著	中国特色工业品营销体系的全面深化、工业品营销管理体系优化升级	工具更实战，案例更鲜活，内容更深化
	工业品企业如何做品牌 张东利　著	为工业品企业提供最全面的品牌建设思路	有策略、有方法、有思路、有工具
	丁兴良讲工业4.0 丁兴良　著	没有枯燥的理论和说教，用朴实直白的语言告诉你工业4.0的全貌	工业4.0是什么？本书告诉你答案
	资深大客户经理：策略准，执行狠 叶敦明　著	从业务开发、发起攻势、关系培育、职业成长四个方面，详述了大客户营销的精髓	满满的全是干货
	两化融合管理系统贯标流程与方法 戴　勇　张华杰　张百荣　编著	全面梳理贯标流程和方法	帮助企业成功贯标
	一切为了订单：订单驱动下的工业品营销实战 唐道明　著	其实，所有的企业都在围绕着两个字在开展全部的经营和管理工作，那就是"订单"	开发订单、满足订单、扩大订单。本书全是实操方法，字字珠玑、句句干货，教你获得营销的胜利
金融	**交易心理分析** (美)马克·道格拉斯　著 刘真如　译	作者一语道破赢家的思考方式，并提供了具体的训练方法	不愧是投资心理的第一书，绝对经典
	精品银行管理之道 崔海鹏　何　屹　主编	中小银行转型的实战经验总结	中小银行的教材很多，实战类的书很少，可以看看

续表

金融	**支付战争** Eric M. Jackson　著 徐　彬　王　晓　译	PayPal创业期营销官，亲身讲述PayPal从诞生到壮大到成功出售的整个历史	激烈、有趣的内幕商战故事！了解美国支付市场的风云巨变
	中外并购名著专业阅读指南 叶兴平　等著	在5000多本并购类图书中精选的200著作，在阅读的基础上写的读书评价	精挑细选200本并一一评介，省去读者挑选的烦恼，快捷、高效
	新三板信息披露全流程：操作与工具 和珩科技　著	详细拆解董秘日常工作过程中所需的信息披露流程	董秘案头必备用书
	成功并购300本：一本书搞定并购难题 浩德军师并购联盟　著	从财务，税务，法律等角度详细解答疑问	能解决80%的并购问题
	互联网时代的银行转型 韩友诚　著	以大量案例形式为读者全面展示和分析了银行的互联网金融转型应对之道	结合本土银行转型发展案例的书籍
房地产	**产业园区/产业地产规划、招商、运营实战** 阎立忠　著	目前中国第一本系统解读产业园区和产业地产建设运营的实战宝典	从认知、策划、招商到运营全面了解地产策划
	人文商业地产策划 戴欣明　著	城市与商业地产战略定位的关键是不可复制性，要发现独一无二的"味道"	突破千城一面的策划困局
	中国城市群房地产投资策略 吕俊博　著	全方位、多角度分析城市群房地产现状是趋势	让亿元资产投资更理性、更安全
	电影院的下一个黄金十年：开发·差异化·案例 李保煜　著	对目前电影院市场存大的问题及如何解决进行了探讨与解读	多角度了解电影院运营方式及代表性案例
能源	**全能型班组：城市能源互联网与电力班组升级** 国网天津市电力公司　编著	借鉴国内外优秀企业的转型升级思路，通过对于新型班组组织模式和运行机制的大胆设想，力图构建充分适应内外环境变化的全能型班组	看看庞大的国企在新环境下是如何顺应时代的
	国网天津电力全能型班组建设实务 国网天津市电力公司　编著	本书聚焦于天津电力公司在探索全能型班组转型升级时的优秀实践	电力行业的班组实践，具体、可操作性强

经营类：企业如何赚钱，如何抓机会，如何突破，如何"开源"

	书名．作者	内容/特色	读者价值
抓方向	**让经营回归简单．升级版** 宋新宇　著	化繁为简抓住经营本质：战略、客户、产品、员工、成长	经典，做企业就这几个关键点！
	混沌与秩序Ⅰ：变革时代企业领先之道 **混沌与秩序Ⅱ：变革时代管理新思维** 彭剑锋　尚艳玲　主编	汇集华夏基石专家团队10年来研究成果，集中选择了其中的精华文章编纂成册	作者都是既有深厚理论积淀又有实践经验的重磅专家，为中国企业和企业家的未来提出了高屋建瓴的观点
	活系统：跟任正非学当老板 孙行健　尹　贤　著	以任正非的独到视角，教企业老板如何经营公司	看透公司经营本质，激活企业活力
	重构：快消品企业重生之道 杨永华　著	从7个角度，帮助企业实现系统性的改造	提供转型思想与方法，值得参考
	公司由小到大要过哪些坎 卢　强　著	老板手里的一张"企业成长路线图"	现在我在哪儿，未来还要走哪些路，都清楚了
	企业二次创业成功路线图 夏惊鸣　著	企业曾经抓住机会成功了，但下一步该怎么办？	企业怎样获得第二次成功，心里有个大框架了
	老板经理人双赢之道 陈　明　著	经理人怎养选平台、怎么开局，老板怎样选/育/用/留	老板生闷气，经理人牢骚大，这次知道该怎么办了

续表

抓方向	**简单思考:AMT 咨询创始人自述** 孔祥云　著	著名咨询公司(AMT)的 CEO 创业历程中点点滴滴的经验与思考	每一位咨询人,每一位创业者和管理经营者,都值得一读
	企业文化的逻辑 王祥伍　黄健江　著	为什么企业绩效如此不同,解开绩效背后的文化密码	少有的深刻,有品质,读起来很流畅
	使命驱动企业成长 高可为　著	钱能让一个人今天努力,使命能让一群人长期努力	对于想做事业的人,‘使命’是绕不过去的
思维突破	**盈利原本就这么简单** 高可为　著	从财务的角度揭示企业盈利的秘密	多方面解读商业模式与盈利的关系,通俗易懂,受益匪浅
	经营:打造你的盈利系统 高可为　著	从盈利角度梳理了系统化的经营方式	让企业掌舵者把控经营全局
	创模式:23 个行业创新案例 段传敏　著	23 位行业精英的创新对话	创业者、转型者的实战参考
	企业良性成长:用顶层设计突破瓶颈 刘建兆　著	全方位介绍企业顶层设计的方法和思路	帮助企业用顶层设计突破成长瓶颈
	移动互联新玩法:未来商业的格局和趋势 史贤龙　著	传统商业、电商、移动互联,三个世界并存,这种新格局的玩法一定要懂	看清热点的本质,把握行业先机,一本书搞定移动互联网
	画出公司的互联网进化路线图:用互联网思维重塑产品、客户和价值 李　蓓　著	18 个问题帮助企业一步步梳理出互联网转型思路	思路清晰、案例丰富,非常有启发性
	重生战略:移动互联网和大数据时代的转型法则 沈　拓　著	在移动互联网和大数据时代,传统企业转型如同生命体打算与再造,称之为“重生战略”	帮助企业认清移动互联网环境下的变化和应对之道
	创造增量市场:传统企业互联网转型之道 刘红明　著	传统企业需要用互联网思维去创造增量,而不是用电子商务去转移传统业务的存量	教你怎么在“互联网＋”的海洋中创造实实在在的增量
	7 个转变,让公司 3 年胜出 李　蓓　著	消费者主权时代,企业该怎么办	这就是互联网思维,老板有能这样想,肯定倒不了
	跳出同质思维,从跟随到领先 郭　剑　著	66 个精彩案例剖析,帮助老板突破行业长期思维惯性	做企业竟然有这么多玩法,开眼界
	互联网＋“变”与“不变”:本土管理实践与创新论坛集萃·2016 本土管理实践与创新论坛　著	加速本土管理思想的孕育诞生,促进本土管理创新成果更好地服务企业、贡献社会	各个作者本年度最新思想,帮助读者拓宽眼界、突破思维
	消费升级:实践　研究(文集) 本土管理实践与创新论坛　著	38 位管理专家及 7 位学者的精华思想,从经营、管理、行业及思想研究四个方面阐述中国企业在消费升级下的实践与研究	思想启发,行业借鉴
财务	**写给企业家的公司与家庭财务规划——从创业成功到富足退休** 周荣辉　著	本书以企业的发展周期为主线,写各阶段企业与企业主家庭的财务规划	为读者处理人生各阶段企业与家庭的财务问题提供建议及方法,让家庭成员真正享受财富带来的益处
	互联网时代的成本观 程　翔　著	本书结合互联网时代提出了成本的多维观,揭示了多维组合成本的互联网精神和大数据特征,论述了其产生背景、实现思路和应用价值	在传统成本观下为盈利的业务,在新环境下也许就成为亏损业务。帮助管理者从新的角度来看待成本,进一步做好精益管理

续表

财务	财报背后的投资机会 蒋　豹　著	以具体的公司案例分析，教你迅速看出财务报表与企业经营的关系、所反映的企业经营现状，从而找到投资机会	前四大会计所员工为读者解密财报，发现投资机会

管理类：效率如何提升，如何实现经营目标，如何“节流”

	书名．作者	内容/特色	读者价值
通用管理	让管理回归简单·升级版 宋新宇　著	从目标、组织、决策、授权、人才和老板自己层面教你怎样做管理	帮助管理抓住管理的要害，让管理变得简单
	让经营回归简单·升级版 宋新宇　著	从战略、客户、产品、员工、成长、经营者自身等七个方面，归纳总结出简单有效的经营法则	总结出的真正优秀企业的成功之道：简单
	让用人回归简单 宋新宇　著	从用人的原则、用人的难题与误区、用人的方法和用人者的修炼四大方面，总结出适合中小企业做好人才管理工作的法则	帮助管理者抓住用人的要害，让用人变得简单
	历史深处的管理智慧1：组织建设与用人之道 刘文瑞　著	对历史之典故、政事、人事、政制进行管理解析，鉴照企业人才的选用育留	推动理论与实践的对接，实现理性与情感的渗透，用中国话语说明管理智慧
	历史深处的管理智慧2：战略决策与经营运作 刘文瑞　著	对历史之典故、政事、人事、政制进行管理解析，鉴照企业战略设计与经营实践	推动理论与实践的对接，实现理性与情感的渗透，用中国话语说明管理智慧
	历史深处的管理智慧3：领导修炼与文化素养 刘文瑞　著	对历史之典故、政事、人事、政制进行管理解析，鉴照企业领导职业能力提升与文化修养	推动理论与实践的对接，实现理性与情感的渗透，用中国话语说明管理智慧
	管理的尺度 刘文瑞　著	对管理中的种种普遍性问题进行了批评	提高把握管理尺度的能力
	管理学在中国 刘文瑞　著	系统性介绍了管理学在中国的发展和演变	了解管理学在中国的发展脉络，更清晰理解管理学的本质
	看电影，懂管理 刘文瑞　著	16部经典电影，带你感悟管理智慧	能够帮助读者放松身心，驰骋想象，在不知不觉中增长智慧
	管理：以规则驾驭人性 王春强　著	详细解读企业规则的制定方法	从人与人博弈角度提升管理的有效性
	打造集成供应链：走出挂一漏十的改善困境 王春强　著	详解集成供应链全过程	帮助企业优化供应链管理
	用好骨干员工：关键人才培养与激励 王　敏　著	系统化分享关键人才打造与激励方法	企业能实在用人的最大化价值
	改变世界的管理学大师1：管理学的前世今生 刘文瑞　编著	介绍了古典管理学时期的大师事迹和思想	深入了解管理大师们的思想和智慧
	成为企业欢迎的咨询师 张国祥　著	从调研到落地，手把手教你咨询流程	不走弯路，方便直接的学到老咨询师的套路
	员工心理学超级漫画版 邢　雷　著	以漫画的形式深度剖析员工心理	帮助管理者更了解员工，从而更轻松地管理员工
	老板有想法，高层有干法：企业中的将帅之道 王清华　著	深入剖析老板与高管的异同	各司其职，各行其是，相辅相成
	分股合心：股权激励这样做 段磊　周剑　著	通过丰富的案例，详细介绍了股权激励的知识和实行方法	内容丰富全面、易读易懂，了解股权激励，有这一本就够了
	边干边学做老板 黄中强　著	创业20多年的老板，有经验、能写、又愿意分享，这样的书很少	处处共鸣，帮助中小企业老板少走弯路

续表

通用管理	**成为敏感而体贴的公司** 王　涛　著	本书为作者对企业的观察和冥想的随笔记录。从生活中的一个现象入手，进而探索现象背后的本质	从全新角度认识公司
	中国企业的觉醒：正直　善良　成长 王　涛　著	围绕着企业人如何发生转化展开，对中国人、中国文化及由此导致的企业现状的观察和思考	企业除了要利润，还需要道德
	有意识的思考：轻松化解问题的7个思考习惯 王　涛　著	本书是对思想、思考过程、思考方式进行的细致观察	养成好的思考习惯，更深刻地看问题
	中国式阿米巴落地实践之从交付到交易 胡八一　著	本书主要讲述阿米巴经营会计，“从交付到交易”，这是成功实施了阿米巴的标志	阿米巴经营会计的工作是有逻辑关联的，一本书就能搞定
	中国式阿米巴落地实践之激活组织 胡八一　著	重点讲解如何科学划分阿米巴单元，阐述划分的实操要领、思路、方法、技术与工具	最大限度减少“推行风险”和“摸索成本”，利于公司成功搭建适合自身的个性化阿米巴经营体系
	中国式阿米巴落地实践之持续盈利 胡八一　著	把企业做成平台，企业才能做大（格局）；把平台做成阿米巴，企业才能做强（专业）；把阿米巴做成合伙制，企业才能做久（机制）	中国式阿米巴落地实践三部曲的最后一部，告诉你企业如何做大做强做久
	集团化企业阿米巴实战案例 初勇钢　著	一家集团化企业阿米巴实施案例	指导集团化企业系统实施阿米巴
	阿米巴经营的中国模式 李志华　著	让员工从“要我干”到“我要干”，价值量化出来	阿米巴在企业如何落地，明白思路了
	欧博心法：好管理靠修行 曾　伟　著	用佛家的智慧，深刻剖析管理问题，见解独到	如果真的有‘中国式管理’，曾老师是其中标志性人物
	领导这样点燃你的下属 孟广桥　著	领导者如何才能让员工积极主动地工作？如何让你的员工和下属保持工作的热情，自动自发？看了这本书就知道	只要你希望手下的"兵将"永远充满工作的斗志，这本书将使你获益良多
流程管理	**1. 用流程解放管理者** **2. 用流程解放管理者2** 张国祥　著	中小企业阅读的流程管理、企业规范化的书	通俗易懂，理论和实践的结合恰到好处
	跟我们学建流程体系 陈立云　著	畅销书《跟我们学做流程管理》系列，更实操，更细致，更深入	更多地分享实践，分享感悟，从实践总结出来的方法论
	人人都要懂流程 金国华　余雅丽　著	当前各企业流程管理方面最为典型的痛点现象及问题案例	通俗易懂，适合企业全员阅读
质量管理	**IATF16949质量管理体系详解与案例文件汇编：TS16949转版IATF16949：2016** 谭洪华　著	针对IATF的新标准做了详细的解说，同时指出了一些推行中容易犯的错误，提供了大量的表单、案例	案例、表单丰富，拿来就用
	五大质量工具详解及运用案例：APQP/FMEA/PPAP/MSA/SPC 谭洪华　著	对制造业必备的五大质量工具中每个文件的制作要求、注意事项、制作流程、成功案例等进行了解读	通俗易懂、简便易行，能真正实现学以致用
	ISO9001：2015新版质量管理体系详解与案例文件汇编 谭洪华　著	紧密围绕2015年新版质量管理体系文件逐条详细解读，并提供可以直接套用的案例工具，易学易上手	企业质量管理认证、内审必备
	ISO14001：2015新版环境管理体系详解与案例文件汇编 谭洪华　著	紧密围绕2015年新版环境管理体系文件逐条详细解读，并提供可以直接套用的案例工具，易学易上手	企业环境管理认证、内审必备

续表

质量管理	ISO9001:2015 完整文件汇编:制造业 贺红喜　著	按照 ISO9001 标准并超出标准的要求,提供了一套完整的制造业的质量管理体系文件	原汁原味完整收入,直接可以拿来就用
	SA8000:2014 社会责任管理体系认证实战 吕　林　著	作者根据自己的操作经验,按认证的流程,以相关案例进行说明 SA8000 认证体系	简单,实操性强,拿来就能用
	精益质量管理实战工具 贺小林　著	制造类企业日常工作中所需要的精益管理工具的归纳整理,并进行案例操作的细致分析	可以直接参考,实际解决生产中的具体问题
战略落地	重生——中国企业的战略转型 施　炜　著	从前瞻和适用的角度,对中国企业战略转型的方向、路径及策略性举措提出了一些概要性的建议和意见	对企业有战略指导意义
	公司大了怎么管:从靠英雄到靠组织 AMT 金国华　著	第一次详尽阐释中国快速成长型企业的特点、问题及解决之道	帮助快速成长型企业领导及管理团队理清思路,突破瓶颈
	低效会议怎么改:每年节省一半会议成本的秘密 AMT 王玉荣　著	教你如何系统规划公司的各级会议,一本工具书	教会你科学管理会议的办法
	年初订计划,年尾有结果:战略落地七步成诗 AMT 郭晓　著	7 个步骤教会你怎么让公司制定的战略转变为行动	系统规划,有效指导计划实现
人力资源	HRBP 是这样炼成的之"菜鸟起飞" 新　海　著	以小说的形式,具体解析 HRBP 的职责,应该如何操作,如何为业务服务	实践者的经验分享,内容实务具体,形式有趣
	HRBP 是这样炼成的之中级修炼 新　海　著	本书以案例故事的方式,介绍了 HRBP 在实际工作中碰到的问题和挑战	书中的 HR 解决方案讲究因时因地制宜、简单有效的原则,重在启发读者思路,可供各类企业 HRBP 借鉴
	HRBP 是这样炼成的之高级修炼 新　海　著	以故事的形式,展现了 HRBP 工作者在职业发展路上的层层深入和递进	为读者提供 HRBP 在实际工作中遇到种种问题的解决方案
	新任 HR 高管如何从 0 到 1 黄渊明　著	全景式展现新任高管华丽转身全过程	助力新任高管安全着陆
	HR 的劳动法内参 李皓楠　著	100 个劳动法案例和分析	轻松掌握劳动法知识,方便运用
	把面试做到极致:首席面试官的人才甄选法 孟广桥　著	作者用自己几十年的人力资源经验总结出的一套实用的确定岗位招聘标准、提升面试官技能素质的简便方法	面试官必备,没有空泛理论,只有巧妙的实操技能
	人力资源体系与 e－HR 信息化建设 刘书生　陈　莹　王美佳　著	将作者经历的人力资源管理变革、人力资源管理信息化咨询项目方法论、工具和成果全面展现给读者,使大家能够将其快速应用到管理实践中	系统性非常强,没有废话,全部是浓缩的干货
	回归本源看绩效 孙　波　著	让绩效回顾"改进工具"的本源,真正为企业所用	确实是来源于实践的思考,有共鸣
	世界 500 强资深培训经理人教你做培训管理 陈　锐　著	从 7 大角度具体细致地讲解了培训管理的核心内容	专业、实用、接地气

续表

人力资源	**曹子祥教你做激励性薪酬设计** 曹子祥　著	以激励性为指导,系统性地介绍了薪酬体系及关键岗位的薪酬设计模式	深入浅出,一本书学会薪酬设计
	曹子祥教你做绩效管理 曹子祥　著	复杂的理论通俗化,专业的知识简单化,企业绩效管理共性问题的解决方案	轻松掌握绩效管理
	把招聘做到极致 远　鸣　著	作为世界500强高级招聘经理,作者数十年招聘经验的总结分享	带来职场思考境界的提升和具体招聘方法的学习
	人才评价中心．超级漫画版 邢　雷　著	专业的主题,漫画的形式,只此一本	没想到一本专业的书,能写成这效果
	走出薪酬管理误区 全怀周　著	剖析薪酬管理的8大误区,真正发挥好枢纽作用	值得企业深读的实用教案
	集团化人力资源管理实践 李小勇　著	对搭建集团化的企业很有帮助,务实,实用	最大的亮点不是理论,而是结合实际的深入剖析
	我的人力资源咨询笔记 张　伟　著	管理咨询师的视角,思考企业的HR管理	通过咨询师的眼睛对比很多企业,有启发
	本土化人力资源管理8大思维 周　剑　著	成熟HR理论,在本土中小企业实践中的探索和思考	对企业的现实困境有真切体会,有启发
企业文化	**36个拿来就用的企业文化建设工具** 海融心胜　主编	数十个工具,为了方便拿来就用,每一个工具都严格按照工具属性、操作方法、案例解读划分,实用、好用	企业文化工作者的案头必备书,方法都在里面,简单易操作
	企业文化建设超级漫画版 邢　雷　著	以漫画的形式系统教你企业文化建设方法	轻松易懂好操作
	华夏基石方法:企业文化落地本土实践 王祥伍　谭俊峰　著	十年积累、原创方法、一线资料,和盘托出	在文化落地方面真正有洞察,有实操价值的书
	企业文化的逻辑 王祥伍　著	为什么企业之间如此不同,解开绩效背后的文化密码	少有的深刻,有品质,读起来很流畅
	企业文化激活沟通 宋杼宸　安　琪　著	透过新任HR总经理的眼睛,揭示出沟通与企业文化的关系	有实际指导作用的文化落地读本
	在组织中绽放自我:从专业化到职业化 朱仁健　王祥伍　著	个人如何融入组织,组织如何助力个人成长	帮助企业员工快速认同并投入到组织中去,为企业发展贡献力量
	企业文化定位·落地一本通 王明胤　著	把高深枯燥的专业理论创建成一套系统化、实操化、简单化的企业文化缔造方法	对企业文化不了解,不会做?有这一本从概念到实操,就够了
生产管理	**精益思维:中国精益如何落地** 刘承元　著	笔者二十余年企业经营和咨询管理的经验总结	中国企业需要灵活运用精益思维,推动经营要素与管理机制的有机结合,推动企业管理向前发展
	300张现场图看懂精益5S管理 乐　涛　编著	5S现场实操详解	案例图解,易懂易学
	高员工流失率下的精益生产 余伟辉　著	中国的精益生产必须面对和解决高员工流失率问题	确实来源于本土的工厂车间,很务实
	车间人员管理那些事儿 岑立聪　著	车间人员管理中处理各种“疑难杂症”的经验和方法	基层车间管理者最闹心、头疼的事,‘打包’解决

续表

生产管理	**1. 欧博心法:好管理靠修行** **2. 欧博心法:好工厂这样管** 曾　伟　著	他是本土最大的制造业管理咨询机构创始人,他从400多个项目、上万家企业实践中锤炼出的欧博心法	中小制造型企业,一定会有很强的共鸣
	欧博工厂案例1:生产计划管控对话录 **欧博工厂案例2:品质技术改善对话录** **欧博工厂案例3:员工执行力提升对话录** 曾　伟　著	最典型的问题、最详尽的解析,工厂管理9大问题27个经典案例	没想到说得这么细,超出想象,案例很典型,照搬都可以了
	工厂管理实战工具 欧博企管　编著	以传统文化为核心的管理工具	适合中国工厂
	苦中得乐:管理者的第一堂必修课 曾　伟　编著	曾伟与师傅大愿法师的对话,佛学与管理实践的碰撞,管理禅的修行之道	用佛学最高智慧看透管理
	比日本工厂更高效1:管理提升无极限 刘承元　著	指出制造型企业管理的六大积弊;颠覆流行的错误认知;掌握精益管理的精髓	每一个企业都有自己不同的问题,管理没有一剑封喉的秘笈,要从现场、现物、现实出发
	比日本工厂更高效2:超强经营力 刘承元　著	企业要获得持续盈利,就要开源和节流,即实现销售最大化,费用最小化	掌握提升工厂效率的全新方法
	比日本工厂更高效3:精益改善力的成功实践 刘承元　著	工厂全面改善系统有其独特的目的取向特征,着眼于企业经营体质(持续竞争力)的建设与提升	用持续改善力来飞速提升工厂的效率,高效率能够带来意想不到的高效益
	3A顾问精益实践1:IE与效率提升 党新民　苏迎斌　蓝旭日　著	系统的阐述了IE技术的来龙去脉以及操作方法	使员工与企业持续获利
	3A顾问精益实践2:JIT与精益改善 肖志军　党新民　著	只在需要的时候,按需要的量,生产所需的产品	提升工厂效率
	化工企业工艺安全管理实操 黄　娜　编著	化工企业工艺安全管理全指导	帮助企业树立安全意识,强化安全管理方法
	手把手教你做专业的生产经理 黄　娜　著	物流、信息流、资金流,让生产经理管理有抓手	从菜鸟到能把控全局
员工素质提升	**TTT培训师精进三部曲(上):深度改善现场培训效果** 廖信琳　著	现场把控不用慌,这里有妙招一用就灵	课程现场无论遇到什么样的情况都能游刃有余
	TTT培训师精进三部曲(中):构建最有价值的课程内容 廖信琳　著	这样做课程内容,学员有收获培训师也有收获	优质的课程内容是树立个人品牌的保证
	TTT培训师精进三部曲(下):职业功力沉淀与修为提升 廖信琳　著	从内而外提升自己,职业的道路一帆风顺	走上职业TTT内训师的康庄大道
	培训师,如何让你的事业长青:自我管理的10项法则 廖信琳　著	建立了一套完整的培训师自我管理体系,为培训师的职业成长与发展提供有益的指引	培训师如何在自己的职业道路上越走越高,事业长青,一直有所收获与成长?本书将给你答案
	管理咨询师的第一本书:百万年薪　千万身价 熊亚柱　著	从问题出发,发现问题、分析问题、解决问题,让两眼一抹黑的新人快速成长	管理咨询师初入职场,让这本书开启百万年薪之路

续表

员工素质提升	**手把手教你做专业督导：专卖店、连锁店** 熊亚柱　著	从督导的职能、作用，在工作中需要的专业技能、方法，都提供了详细的解读和训练办法，同时附有大量的表单工具	无论是店铺需要统一培训，还是个人想成为优秀的督导，有这一本就够了
	跟老板“偷师”学创业 吴江萍　余晓雷　著	边学边干，边观察边成长，你也可以当老板	不同于其他类型的创业书，让你在工作中积累创业经验，一举成功
	销售轨迹：一位快消品营销总监的拼搏之路 秦国伟　著	本书讲述了一个普通销售员打拼成为跨国企业营销总监的真实奋斗历程	激励人心，给广大销售员以力量和鼓舞
	在组织中绽放自我：从专业化到职业化 朱仁健　王祥伍　著	个人如何融入组织，组织如何助力个人成长	帮助企业员工快速认同并投入到组织中去，为企业发展贡献力量
	企业员工弟子规：用心做小事，成就大事业 贾同领　著	从传统文化《弟子规》中学习企业中为人处事的办法，从自身做起	点滴小事，修养自身，从自身的改善得到事业的提升
	手把手教你做顶尖企业内训师：TTT 培训师宝典 熊亚柱　著	从课程研发到现场把控、个人提升都有涉及，易读易懂，内容丰富全面	想要做企业内训师的员工有福了，本书教你如何抓住关键，从入门到精通
	28 天速成文案高手 秦　士　安　丽　著	解构优秀品牌和出彩文案背后的逻辑，28 天循序渐进成为文案高手	让优质文案变成“智慧工厂”般的工序管理与稳定出品
	让投诉顾客满意离开：客户投诉应对与管理 孟广桥　著	立足于投诉处理的实践，剖析了不同投诉者投诉的特点和应对措施，并提供各种技巧方法、赢得客户信赖所需培养的品质修炼、处理投诉应掌握的法律法规等工具	是投诉处理人员适应岗位职能需要、提升工作技能的良师益友，是企业变诉为金、培养业务骨干的法宝

营销类：把客户需求融入企业各环节，提供“客户认为”有价值的东西

	书名．作者	内容/特色	读者价值
营销模式	**精品营销战略** 杜建君　著	以精品理念为核心的精益战略和营销策略	用精品思维赢得高端市场
	变局下的营销模式升级 程绍珊　叶　宁　著	客户驱动模式、技术驱动模式、资源驱动模式	很多行业的营销模式被颠覆，调整的思路有了！
	动销操盘：节奏掌控与社群时代新战法 朱志明　著	在社群时代把握好产品生产销售的节奏，解析动销的症结，寻找动销的规律与方法	都是易读易懂的干货！对动销方法的全面解析和操盘
	弱势品牌如何做营销 李政权　著	中小企业虽有品牌但没名气，营销照样能做的有声有色	没有丰富的实操经验，写不出这么具体、详实的案例和步骤，很有启发
	老板如何管营销 史贤龙　著	高段位营销 16 招，好学好用	老板能看，营销人也能看
	洞察人性的营销战术：沈坤教你 28 式 沈　坤　著	28 个匪夷所思的营销怪招令人拍案叫绝，涉及商业竞争的方方面面，大部分战术可以直接应用到企业营销中	各种谋略得益于作者的横向思维方式，将其操作过的案例结合其中，提供的战术对读者有参考价值
	动销：产品是如何畅销起来的 吴江萍　余晓雷　著	真真切切告诉你，产品究竟怎么才能卖出去	击中痛点，提供方法，你值得拥有
	1000 铁杆女粉丝 张兵武　著	连接是女性与生俱来的特质。能善用连接的营销人员，就像拿到打开女性荷包的钥匙	重新认识女性的传播力量
	360°谈营销：一位营销咨询师 20 年实战洞察 王清华　古怀亮　著	各个角度，全方位，多视点剥营销	思路单一，此书帮你破

续表

营销模式	**营销按钮:扣动一触即发的力量** 老　苗　著	提供各种奇形怪状的营销武器	一定会带给你不一样的思维震撼
	孙子兵法营销战 刘文新　著	逐句解读孙子兵法,以及在营销方面的感悟	帮助营销人用智慧打营销仗
销售	**资深大客户经理:策略准,执行狠** 叶敦明　著	从业务开发、发起攻势、关系培育、职业成长四个方面,详述了大客户营销的精髓	满满的全是干货
	大客户销售这样说这样做 陆和平　著	大客户销售十大模块68个典型销售场景应对策略和话术,直接拿来就用	从"为什么要这么干"到"干什么、怎么干"
	成为资深的销售经理:B2B、工业品 陆和平　著	围绕"销售管理的六个关键控制点"一一展开,提供销售管理的专业、高效方法	方法和技术接地气,拿来就用,从销售员成长为经理不再犯难
	销售是门专业活:B2B、工业品 陆和平　著	销售流程就应该跟着客户的采购流程和关注点的变化向前推进,将一个完整的销售过程分成十个阶段,提供具体方法	销售不是请客吃饭拉关系,是个专业的活计!方法在手,走遍天下不愁
	向高层销售:与决策者有效打交道 贺兵一　著	一套完整有效的销售策略	有工具,有方法,有案例,通俗易懂
	学话术　卖产品 张小虎　著	分析常见的顾客异议,将优秀的话术模块化	让普通导购员也能成为销售精英
组织和团队	**升级你的营销组织** 程绍珊　吴越舟　著	用"有机性"的营销组织替代"营销能人",营销团队变成"铁营盘"	营销队伍最难管,程老师不愧是营销第1操盘手,步骤方法都很成熟
	用数字解放营销人 黄润霖　著	通过量化帮助营销人员提高工作效率	作者很用心,很好的常备工具书
	成为优秀的快消品区域经理(升级版) 伯建新　著	用"怎么办"分析区域经理的工作关键点,增加30%全新内容,更贴近环境变化	可以作为区域经理的"速成催化器"
	成为资深的销售经理:B2B、工业品 陆和平　著	围绕"销售管理的六个关键控制点"一一展开,提供销售管理的专业、高效方法	方法和技术接地气,拿来就用,从销售员成长为经理不再犯难
	一位销售经理的工作心得 蒋　军　著	一线营销管理人员想提升业绩却无从下手时,可以看看这本书	一线的真实感悟
	快消品营销:一位销售经理的工作心得2 蒋　军　著	快消品、食品饮料营销的经验之谈,重点突出	来源于实战的精华总结
	销售轨迹:一位快消品营销总监的拼搏之路 秦国伟　著	本书讲述了一个普通销售员打拼成为跨国企业营销总监的真实奋斗历程	激励人心,给广大销售员以力量和鼓舞
	用营销计划锁定胜局:用数字解放营销人2 黄润霖　著	全方位教你怎么做好营销计划,好学好用真简单	照搬套用就行,做营销计划再也不头痛
	快消品营销人的第一本书:从入门到精通 刘　雷　伯建新　著	快消行业必读书,从入门到专业	深入细致,易学易懂
产品	**产品开发管理方法·流程·工具:从作坊式到规范化** 任彭枞　著	产品研发管理体系全指导	既有工具,又能开拓思路
	新产品开发管理,就用IPD(升级版) 郭富才　著	10年IPD研发管理咨询总结,国内首部IPD专业著作	一本书掌握IPD管理精髓

续表

产品	**这样打造大单品：案例　策略　方法** 迪智成咨询团队　著	囊括十三个不同行业、企业的实际案例，从不同角度详细剖析、总结了这些品牌厂家打造大单品的成功经验或者失败教训	厘清大单品打造的策划与路径，得出持续经营的思路与方法
	研发体系改进之道 靖　爽　陈年根　马鸣明　著	提出一套系统性的方法与工具	指引企业少走弯路，提高成功率
	资深项目经理这样做新产品开发管理 秦海林　著	以IPD为思想，系统讲解新产品开管理的细节	提供管理思路和实用工具
	产品炼金术Ⅰ：如何打造畅销产品 史贤龙　著	满足不同阶段、不同体量、不同行业企业对产品的完整需求	必须具备的思维和方法，避免在产品问题上走弯路
	产品炼金术Ⅱ：如何用产品驱动企业成长 史贤龙　著	做好产品、关注产品的品质，就是企业成功的第一步	必须具备的思维和方法，避免在产品问题上走弯路
品牌	**中小企业如何建品牌** 梁小平　著	中小企业建品牌的入门读本，通俗、易懂	对建品牌有了一个整体框架
	采纳方法：破解本土营销8大难题 朱玉童　编著	全面、系统、案例丰富、图文并茂	希望在品牌营销方面有所突破的人，应该看看
	中国品牌营销十三战法 朱玉童　编著	采纳20年来的品牌策划方法，同时配有大量的案例	众包方式写作，丰富案例给人启发，极具价值
	今后这样做品牌：移动互联时代的品牌营销策略 蒋　军　著	与移动互联紧密结合，告诉你老方法还能不能用，新方法怎么用	今后这样做品牌就对了
	中小企业如何打造区域强势品牌 吴　之　著	帮助区域的中小企业打造自身品牌，如何在强壮自身的基础上往外拓展	梳理误区，系统思考品牌问题，切实符合中小区域品牌的自身特点进行阐述
渠道通路	**深度分销：掌控渠道价值链** 施　炜　著	制造商通过掌控渠道价值链，将管理触角延伸至零售层面及顾客现场，对市场根部精耕细作，从而挖掘需求，构筑区域市场尤其是三四级市场的竞争壁垒	深度分销是中国企业对世界营销的独特贡献。实践证明，互联网时代深度分销仍有生命力
	快消品营销与渠道管理 谭长春　著	将快消品标杆企业渠道管理的经验和方法分享出来	可口可乐、华润的一些具体的渠道管理经验，实战
	传统行业如何用网络拿订单 张　进　著	给老板看的第一本网络营销书	适合不懂网络技术的经营决策者看
	采纳方法：化解渠道冲突 朱玉童　编著	系统剖析渠道冲突，21个渠道冲突案例、情景式讲解，37篇讲义	系统、全面
	学话术　卖产品 张小虎　著	分析常见的顾客异议，将优秀的话术模块化	让普通导购员也能成为销售精英
	向高层销售：与决策者有效打交道 贺兵一　著	一套完整有效的销售策略	有工具，有方法，有案例，通俗易懂
	通路精耕操作全解：快消品20年实战精华 周　俊　陈小龙　著	通路精耕的详细全解，每一步的具体操作方法和表单全部无保留提供	康师傅二十年的经验和精华，实践证明的最有效方法，教你如何主宰通路

管理者读的文史哲·生活

书名．作者		内容/特色	读者价值
思想·文化	**德鲁克管理思想解读** 罗　珉　著	用独特视角和研究方法，对德鲁克的管理理论进行了深度解读与剖析	不仅是摘引和粗浅分析，还是作者多年深入研究的成果，非常可贵
	德鲁克与他的论敌们：马斯洛、戴明、彼得斯 罗　珉　著	几位大师之间的论战和思想碰撞令人受益匪浅	对大师们的观点和著作进行了大量的理论加工，去伪存真、去粗存精，同时有自己独特的体系深度

续表

思想·文化	**德鲁克管理学** 张远凤　著	本书以德鲁克管理思想的发展为线索,从一个侧面展示了20世纪管理学的发展历程	通俗易懂,脉络清晰
	王阳明"万物一体"论:从"身-体"的立场看(修订版) 陈立胜　著	以身体哲学分析王阳明思想中的"仁"与"乐"	进一步了解传统文化,了解王阳明的思想
	自我与世界:以问题为中心的现象学运动研究 陈立胜　著	以问题为中心,对现象学运动中的"意向性""自我""他人""身体"及"世界"各核心议题之思想史背景与内在发展理路进行深入细致的分析	深入了解现象学中的几个主要问题
	作为身体哲学的中国古代哲学 张再林　著	上篇为中国古代身体哲学理论体系奠基性部分,下篇对由"上篇"所开出的中国身体哲学理论体系的进一步的阐发和拓展	了解什么是真正原生态意义上的中国哲学,把中国传统哲学与西方传统哲学加以严格区别
	中西哲学的歧异与会通 张再林　著	本书以一种现代解释学的方法,对中国传统哲学内在本质尝试一种全新的和全方位的解读	发掘出掩埋在古老传统形式下的现代特质和活的生命,在此基础上揭示中西哲学"你中有我,我中有你"之旨
	治论:中国古代管理思想 张再林　著	本书主要从儒、法墨三家阐述中国古代管理思想	看人本主义的管理理论如何不留斧痕地克服似乎无法调解的存在于人类社会行为与社会组织中的种种两难和对立
	车过麻城　再晤李贽 张再林　著	系统全面而又简明扼要地展示了李贽独到的学术眼力和超拔的理论建树	帮助读者重新认识李贽的思想
	中国古代政治制度(修订版)上:皇帝制度与中央政府 刘文瑞　著	全面论证了古代皇帝制度的形成和演变的历程	有助于读者从政治制度角度了解中国国情的历史渊源
	中国古代政治制度(修订版)下:地方体制与官僚制度 刘文瑞　著	全面论证了古代地方政府的发展演变过程	有助于读者从政治制度角度了解中国国情的历史渊源
	中国思想文化十八讲(修订版) 张茂泽　著	中国古代的宗教思想文化,如对祖先崇拜、儒家天命观、中国古代关于"神"的讨论等	宗教文化和人生信仰或信念紧密相联,在文化转型时期学习和研究中国宗教文化就有特别的现实意义
	史幼波《大学》讲记 史幼波　著	用儒释道的观点阐释大学的深刻思想	一本书读懂传统文化经典
	史幼波《周子通书》《太极图说》讲记 史幼波　著	把形而上的宇宙、天地,与形而下的社会、人生、经济、文化等融合在一起	将儒家的一整套学修系统融合起来
	史幼波《中庸》讲记(上下册) 史幼波　著	全面、深入浅出地揭示儒家中庸文化的真谛	儒释道三家思想融会贯通
	梁涛讲《孟子》之万章篇 梁　涛　著	《万章》主要记录孟子与万章的对话,涉及孝道、亲情、友情、出仕为官等	作者的解读能帮助读者更好地理解孟子及儒学
	两晋南北朝十二讲(修订版) 李文才　著	作为一本普及性读物,作者尊重史实,运用"历史心理学"的叙事方法,分12个专题对两晋南北朝的历史进行阐述	让读者轻松了解两晋南北朝的历史
	每个中国人身上的春秋基因 史贤龙　著	春秋368年(公元前770-公元前403年),每一个中国人都可以在这段时期的历史中找到自己的祖先,看到真实发生的事件,同时也看到自己	长情商、识人心
	与《老子》一起思考:德篇 **与《老子》一起思考:道篇** 史贤龙　著	打通文史,回归哲慧,纵贯古今,放眼中外,妙语迭出,在当今的老子读本中别具一格	深读有深读的回味,浅尝有浅尝的机敏,可给读者不同的启发

续表

思想·文化	**说服天下:《鬼谷子》的中国沟通术** 翟玉忠　著	由内圣而外王,从心力的培育到具体的说服理论,再到生动的说服案例	从商业到军事再到日常生活,沟通说服已经变得越来越重要
	读《管子》,知天下财富:轻重术与中国古典经济思想 翟玉忠　著	中国农业社会规模庞大的市场产生了复杂发展的经济理论——以《管子》轻重十六篇为核心的轻重术	本书分为道、术两大部分,有思想、有谋略,相信你会从中有所收获
	中国商道:从古典商书说开去 翟玉忠　著	对中国先秦和明清两个商品经济大发展时期商业典籍的第一次系统整理和诠释	中华商道一脉相承,造就了无数商业奇迹,成就了无数商业巨子。今人读之,必能获益
	跟陈忠建学写名家书法Ⅰ **跟陈忠建学写名家书法Ⅱ** 陈忠建　著	中国台湾著名书法教育家,用视频手把手教你摹写历代名家笔触	用拟古千字文的形式,学习名家的技巧
	像美国人一样讲话:教你记住800句最地道的美语 马方旭　著	本书基本囊括了在美国最常用最地道的800习惯用语表达,包含中英双语翻译,以及清晰明了的注解帮助增强记忆,加入视频等流行的记忆方法	易读易懂,趣味十足
	别让你的执着毁了孩子 廖信琳　著	让职场人在家庭教育中不再焦虑,重塑亲子互动模式	只要放下你的执拗,孩子可以更优秀
	非暴力抵抗的诞生 甘　地　著	甘地在南非的自传,介绍了非暴力抵抗诞生的历史	深入了解甘地及其伟大思想
	中东历史与现状二十讲 黄民兴　著	介绍了中东历史和现状的20个重要问题	为研究和教学人员提供指导和依据
	郑子太极拳理拳法 杨竣雄　著	走进郑子太极拳完整训练体系的大门,随着书中另一主角——师父的课程安排与每日功课的练习	当您学完这套书后,在掌握拳架的同时具备诸多正确的太极理念与系统知识
	内功太极拳训练教程 王铁仁　编著	杨式(内功)太极拳(俗称老六路)的详细介绍及具体修炼方法,身心的一次升华	书中含有大量图解并有相关视频供读者同步学习
	中医治心脏病 马宝琳　著	引用众多真实案例,客观真实地讲述了中西医对于心脏病的认识及治疗方法	看完这本书,能为您节约10万元医药费